坂本 恒夫　鳥居 陽介 編著

日本中小企業・ベンチャービジネスコンソーシアム 著

# 新 ベンチャー ビジネス論

BUSINESS VENTURE

税務経理協会

# は し が き

　日本中小企業ベンチャービジネスコンソーシアムは創立以来，いくつかの著書を刊行してきました。特にベンチャービジネスの分野に限定して述べますと，2001年に『ベンチャービジネスの創り方・運び方』（税務経理協会），2008年に『ベンチャービジネスハンドブック』（税務経理協会），2016年に『中小企業のアジア展開』（中央経済社），などです。これらは，すべてベンチャービジネスの創出が雇用を生み出し失業を無くすということを目的としていますが，同時にその時代のスモールビジネスの経営的特徴も示してきました。

　今回3年ぶりに刊行する著書は『新ベンチャービジネス論』です。これは，これまでの＜ベンチャービジネス論＞とは違って，まさに＜新しいベンチャービジネス論＞です。クラウドファンディングの登場，AIなどの情報産業の進展，社会的課題の解決というデザインシンキングと共感の経営の一般化を背景としています。こうした背景をバックにして，新ベンチャービジネスは大きなうねりを形成しているのです。


　したがって本書は，こうした新しいうねりをあますところなく紹介しています。

　まず，第Ⅰ部「新ベンチャービジネスとは何か」では，従来のそれとの違いを示し，その概念と歴史的特徴を述べています。

　第Ⅱ部「新ベンチャービジネスの起こし方」では，従来のビジネスプランと異なるスタートアッププランの書き方を，デザインシンキング，共感，イノベーションの側面から説明し，これからのベンチャービジネス教育について触れています。

　第Ⅲ部「新ベンチャービジネスの事業環境」では，まず産業構造の側面からIT産業そしてAIについて述べています。また金融構造の側面からはフィンテック，さらにクラウドファンディングについて詳しく述べています。

　第Ⅳ部「新ベンチャービジネスの運び方」では，従来はきわめて重要であっ

1

たキャピタルマーケットについて述べ，新ベンチャービジネスが発展途上やエグジットで見せる戦略，M&Aおよび大企業との連携について解説しています。

そして第V部「ケーススタディ」では，3つの企業について具体的に事例をあげて説明しています。最後に，海外，とりわけ新興国ベトナムのベンチャービジネス状況についても紹介しています。

本書は主に大学でベンチャービジネスを学ぶ学生向けに書かれています。ベンチャービジネス論は，以前は中小企業論の中で，その一つとして解説されてきました。しかし，ベンチャービジネスが社会的に大きな存在となり，情報産業の進展で新しい時代の企業活動の中核を担うようになってくると，それを中小企業の一角を担うというものではなく，大企業に対峙したりそれに代わるものとして位置付けられてきました。ベンチャービジネスは，経済成長の中核であり，経済衰退の時代に復活を担う救世主でもあるのです。そうした息吹を学生の皆さんに感じてもらおうと思っています。

とは言うものの，本書は決して学生のものだけではありません。ベンチャービジネスの起業家を目指す若きサラリーマン，ビジネスレディーの方にも読んでもらいたいと思います。ベンチャービジネスの環境は大きく変化しています。大いに参考にして下さい。そしてさらにスモールビジネスの経営者の方にも発想を転換するという観点からご一読下さい。新しいビジネスチャンスが見えてくるかもしれません。

最後に，本書の刊行にあたっては，（株）税務経理協会社長大坪克行氏と同社編集部の峯村英治氏に大変お世話になりました。この場を借りて，心より御礼申し上げます。

2019年10月

著者を代表して　　坂本　恒夫<br>鳥居　陽介

2

# 目　　次

# 第Ⅳ部　新ベンチャービジネスの運び方

# 第Ｖ部　ケーススタディ

# 第Ⅰ部

# 新ベンチャービジネスとは何か

# 第1講 ベンチャービジネスの概念

## 1 スタートアップ企業

　ベンチャービジネスの概念の基本的・根本的なものは，「ベンチャーキャピタルから資金の提供を受けている」というものであった。

　それまで小規模企業の起ち上げは，創業者の個人資金もしくは銀行からの融資によって成り立っていた。しかしベンチャーキャピタルが出現し，ベンチャーキャピタルの投資で起業が行われるようになると，それまでの小規模企業は，従来からの小規模企業とベンチャービジネスに分類されるようになった。

　ベンチャービジネスは，起業家が投資事業組合や投資運用会社，つまりベンチャーキャピタルから投資を受けて設立するもので，そのベンチャーキャピタルは保険会社や年金会社などの機関投資家から出資を受けている。

　ベンチャービジネスは，通常，起業後3年から5年ぐらいで，当初の投資資金にプラスしてプレミアムを付加して回収されるという想定のもとに設立される。したがって，起業家にとって，当初作成のビジネスプランも大事だが，3から5年後の上場プランも重要で，とくにベンチャーキャピタルはここに強い関心を寄せて投資をしている[1]。

　しかし近年，新規起ち上げ企業は，小規模企業およびベンチャービジネスだけではない，中には「クラウドファンディング」で資金を調達する企業がでてきたのである。

　これを従来と同じようにベンチャービジネスと呼ぶには違和感があるので，これをクラウドファンディングビジネスと呼びたいが，しかしいまだそのような呼び方は定着していないので，一般にはクラウドファンディング企業も含めて，「スタートアップ企業」と呼んでいる。

　したがって，スタートアップ企業の中には，起業家自身の資金で起業するも

の，銀行の融資を基に起業するもの，ベンチャーキャピタルからの投資を受けて起業するもの，そしてクラウドファンディングで起業するものと，様々な形態が出現した[2]。

さらにクラウドファンディングで起業した企業に，その資金調達の実績・成果を見て融資する銀行あるいは投資するベンチャーキャピタルが登場して，クラウドファンディングでの起業は，複合的な資金調達形態を生み出す，新たな「スタートアップ企業」概念を生み出しているのである[3]。

われわれは，ここでは以下の六つの要素から，新ベンチャービジネスを規定している。

図表 1 - 1　起業（スタートアップ企業）の多様化

| 企 業 形 態 | 資金調達先 |
|---|---|
| 中小企業 | 個人・銀行 |
| ベンチャービジネス | ベンチャーキャピタル（ファンド） |
| 新ベンチャービジネス | クラウドファンディング<br>（社会的投資家，公衆） |

## (1)　デザインシンキング

まずは，「Design thinkingデザインシンキング」である。この原語は，デザイナーが，デザインを行う過程で用いる認知的活動であるが，これがビジネスに転じて，社会的課題を解決する企業起ち上げの手法として用いられるようになった。

株主価値経営の時代では，企業起ち上げの目的は，株主価値最大化の実現であったが，リーマンショック以降は，株主価値実現の前提として，あるいは共通の目的として「社会的価値の実現」，「社会的課題の解決」が重要な企業経営や企業起ち上げの目的となった。

したがって，近年の新ベンチャービジネスにおいては，「どのような社会的課題・問題を解決するのか」が，まず最優先に明確化すべきこととなったのである。

## ⑵　共　　　感

　投資動機は，これまで，株主価値の最大化，つまり投資リターンの最大化であった。投資資金の回収に際して，多くのプレミアムが付加されるということ，これが主要な投資動機であった。

　2007年のリーマンショックまで，多くの投資家は投資リターンの最大化を求めて投資してきたのである。しかし株主価値経営の宴が終わった時，そこには多くの失業者とホームレスが巷をさまよっていた。

　こうした状況の中で心ある者は，NPOなどを通じて社会的活動を展開した。株主価値経営の牙城・ハーバード大学ビジネススクールでは，新しい経営原理——共通価値経営が提唱された。日本でも，明治大学の坂本恒夫が調和型経営を問題提起した。

　その結果，収益性よりも社会性が重視され，社会的価値が定着していった。国連のESG投資の提唱やSDGsへの働きかけが一定の成果をあげた。そして「共感」という言葉が語られるようになってきた。

　「共感empathy」とは，一般的には「他人の意見や感情などに，全くそのとおりだと感ずること」であるが，共通の社会的な問題や課題について，共に解決しようとか，共に取り組もうとすること，これがここでいうところの共感である。

　次に説明するクラウドファンディングでは，資金調達を群衆・大衆に呼びかけるのであるが，その際大切なのが，その事業への投資家の共感である。

　したがって共感なき資金調達は在りえず，クラウドファンディングは共感を基盤としているのである。

　ところで共感については，指摘しておかねばならないことがある。それは「共感ビジネス」というものである。これは社会的価値の実現を目的とするのではなく，社会的価値を目指すことを＜手段化＞して資金を動員するという詐欺まがいのビジネスである。静岡県沼津市に本店をおくスルガ銀行は，地方出身の低所得向け女性専用シェアハウス「かぼちゃの馬車」を低額で供給するということをうたい文句に，資産形成で将来に備えたい中高年サラリーマン，

年金生活者を巻き込み，投資資金を大量に動員した。この低額の住宅は品質的に問題があるだけでなく，賃貸ビジネスとしては成立しない甘い計画のものであった。時間が経過し共感を売り物にした詐欺まがいのビジネスであったことが発覚し，多くの投資家が被害を被った。このような共感は，いわば煽りを助長するもので，その確実性や計画性を吟味しなければならない[4]。

### (3)　クラウドファンディング

　クラウドファンディングとは，群衆（crowd）と資金調達（funding）を組み合わせた造語である。クラウドファンディングは，アーティストの支援，映画，発明品の開発など幅広い分野への出資に活用されている。これは，特定のプロジェクトまたはベンチャーに，多くの人々から少額の寄付を通して出資を集めるというコンセプトが基本になっている。

　東日本大震災をきっかけに広く知られるようになり，支援者から高い共感を得た社会貢献事業への寄付，事業化初期段階の製品やサービス開発への出資など，今まで資金調達が難しかった小規模プロジェクトへの資金供給が拡大している。

　クラウドファンディングは，投資家と資金調達者をプラットフォームというネット上のサイトを介して結びつけ，そこで資金のやり取りを行うものである。いずれのクラウドファンディングのタイプにもプラットフォームが存在し，それを運営する会社が存在する。資金調達者は自分のビジネスプランをプラットフォームで説明し，調達目標金額，資金使途やリターンなどを明示する。

### (4)　プラットフォーム

　それではプラットフォームとは何か。プラットフォームとは，通常，鉄道の駅などで電車の乗り降りをする土台のことを指すことが，ITの分野では，ある機器やソフトウェアを動作させるのに必要な，基盤となる装置やソフトウェア，あるいはそれらの組み合わせのことを，プラットフォームと呼んでいる。

　起業家は，事業を始めるに際しての資金調達を，仲介するプラットフォーム

会社に依頼する。仲介手数料は，ビジネスモデルにより異なるが，10％から20％の幅の中であると言われている。

　ベンチャービジネスの場合，ベンチャーキャピタルが資金を提供して，ゼネラルマネジャーが，起業家にアドバイスして，助言料・成功報酬を獲得するが，クラウドファンディングの場合は仲介手数料ということになる。

### (5)　大企業との関係

　新ベンチャービジネスについて，さらに触れておかねばならないことがある。それは，大企業との関係である。これまで，ベンチャービジネスと大企業との関係についてはあまり触れられてこなかった。それは当然のこととしてベンチャービジネスの規模があまりにも小規模であったために問題にならなかったのである。ところが，近年のベンチャービジネスは，高度な知的集団として大企業と対等にわたりあうところが出てきた。よく事例として取り上げられるのが，（株）プリファード・ネットワークスである。ディープラーニングの研究と開発を行うベンチャービジネスで，デバイスが生み出す膨大なデータをネットワークのエッジで分散協調的に処理する技術を提唱し，交通システム，製造業，バイオ・ヘルスケアの3つの重点事業領域を中心に，様々な分野でイノベーションの実現を目指している。トヨタ自動車，ファナック，国立がん研究センターなどと対等に事業に取り組み，従来のベンチャービジネスとは異質の動きを示している。

図表1－2　新ベンチャービジネスの構造

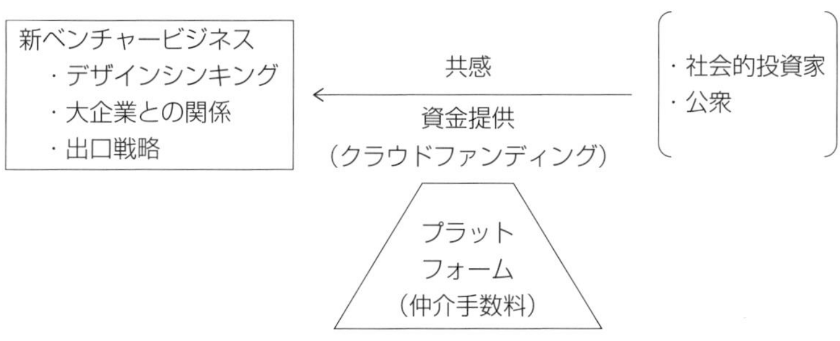

## ⑹　出口戦略

最後に出口戦略について説明しておきたい。

ベンチャービジネスの場合は，ベンチャーキャピタルから投資を受けている関係上，出口はただ一つであった。それは上場して，投資家の資金回収を可能にすることであった。

新ベンチャービジネスの出口も上場であるが，近年目立つのは大企業とのM&Aである。これは投資をしているクラウドファンディング資金やベンチャーキャピタルが，資金の回転を速めたいという要望が強いためだと言われている。

また，クラウドファンディングやベンチャーキャピタルの資金が実際は，大企業から提供されていて，ビジネス採算の見通しが立てば，大企業本体が自らの本業として編入する場合も多いからだとも言われている。

さらに，上場を待たず途中でビジネスを売却する場合もある。上場の条件が整わなければ，それを他のベンチャービジネスや大企業に身売りするのである。こうした市場のことを「ミドルマーケット」と呼び，アメリカなどでは早くから存在したが，日本でも最近ようやく件数が増加してきた。資金コストを意識する投資家は，上場を待たず，M&Aによって資金の回転を速めようとしていると思われる（「図表1-2　新ベンチャービジネスの構造」を参照）。

## ❷　産業構造における情報産業およびAIの進展

こうした＜新ベンチャービジネス＞が登場してくるには，それなりの理由や背景がある。

ここでは，産業構造，金融構造，そして企業価値の三つの側面から説明しておこう。

周知のように，産業構造は歴史的・基本的には，一次産業，二次産業，三次産業と発展してきた。特にイギリスで展開された「産業革命」は，蒸気機関の発明によって，社会・経済構造を大きく変容させた。まず動力が，牛馬から蒸気機関になり，従来の自然的限界を越えて，大量かつ速くモノやヒトを移動す

ることが出来るようになった。またエネルギーも同様で，木材から石炭・石油を中心とする化石燃料に変換していった。このことは経済的・経営的側面から評価すると，時間とコストを大きく削減するもので，汽車や汽船などは大量のものを速く運ぶことによって，時間とコストを大きく節約したのである。

　「産業革命」に匹敵する次の動きは「情報革命」である。情報産業は二次産業から，そして情報サービス産業は三次産業から誕生したが，いわゆるこのIT産業は，大量の情報を瞬時に処理し，また低コストで伝達する，このことによって，さまざまな情報派生産業が生まれてきたのである。

　情報産業とは，情報を生産，収集，加工，提供する業務だが，たとえばコンピューターのハードウェア，ソフトウェア，そして情報通信を活用したサービスもこれに含まれる。情報産業はそれ自体でも進化するが，それが第一次産業の農林水産業と結びついて，アグリビジネスやIT水産業の新ビジネスを生み出したりする。また第三次産業のサービス業と結びつくと，フィンテックのような新たな金融産業が生み出されてくる。さらに交通，通信，電力，水道，公共施設など社会基盤を扱う社会インフラビジネスも誕生する。

　このように「情報革命」は，第2次産業革命と呼ばれるように，新たな産業・ビジネスを生み出してくるのである。

　こうした「情報革命」こそが，新ベンチャービジネスの背景に存在するのである。

　さらに情報革命はAI（人工知能）を生み出し，新ベンチャービジネスはこの分野でも急激に展開している。AIは複数のコンピューターを組み合わせることによって，膨大な情報を処理し，それを有機的に加工し，あたかも人間のように判断し，さらにそこから新たな情報を創り出し，さらに進んだ有用な判断を行う能力のことである。特に，ディープラーニング（深層学習）の技術的進展により，与えられたデータを基礎に，自ら学習する機能は精度を大きく高めてきている。そして，このAI分野でも新ベンチャービジネスが次々に誕生している。したがってこの情報革命の時間とコストの削減も重要な背景として認識しておかねばならない（「図表1－3」を参照）。

図表1－3　情報産業の進展と新ビジネス

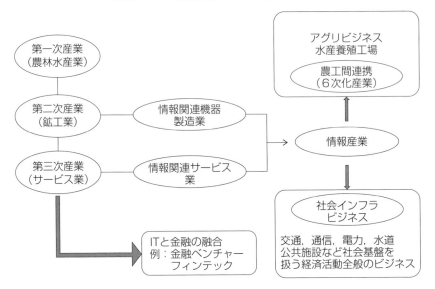

### ③　金融構造における資金供給の過剰化

　新ベンチャービジネス登場の背景は，情報産業の進展だけではない。金融面における，資金供給の過剰化も，重要な要因・背景の一つである。

　歴史的に見た場合，資金供給過剰化の歴史は三段階に分類することが出来る。第一段階は，家計資金の規模が生活資金を大幅に上回り，その余剰資金が銀行を設立・形成し，それが企業に貸し出された時代である。こうした現象は，部分的にはいたるところで見られたが，このことが例えばヨーロッパではソキエタス，コメンダという企業形態を生み出し，全欧州に一般化していった。こうした事業資金は，さらに海洋ビジネスにも進出し，オランダ，イギリスの東インド会社（株式会社）によるアジア貿易にも貢献していった。

　資金過剰化の第二段階は，企業とりわけ巨大企業における自己金融化である。巨大企業は，巨額の利益と膨大な減価償却資金で必要事業資金を賄うことが可能となり，過剰資金は株式市場に流れ込んで，M&A資金として活動するよう

になった。大型の水平・垂直合併が展開されたのは，これらの背景が存在するからである。特にコングロマリット合併は，事業活動とは無縁な無差別合併であり，資金の過剰化がそうした現象を作り出していった。

資金過剰化の第三段階が今日である。まず個人の家計ベースにおける過剰資金は年金・保険・投資信託に流れ込んで，その資金がファンド化している。また企業の過剰資金もファンド化して，新産業・新ビジネスを求めて，大きな資金のうねりを形成している。さらに肥大化した国家資金は日銀ルート，国家ファンドルートを通じて，新ビジネスを求めている。

このように資金過剰化の第三段階は，家計の過剰資金，企業の過剰資金，国家の過剰資金がファンド化し，いっせいに新規ビジネスに流れこんでいるのである。新ベンチャービジネスはこうした金融構造の変化が背景にあることも見逃してはならない。

図表1－4　過剰資金の形成

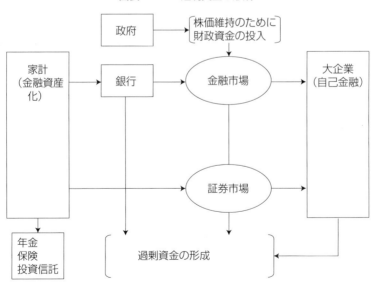

## 4　企業価値における社会的価値

　新しいベンチャービジネスは，ベンチャーキャピタルの投資だけではなくクラウドファンディング投資など多様な投資から成り立っている。

　したがってここでは，従来のような「株主価値」のみの追求をするのではなく，社会問題を解決し，雇用を創出することを目指す起業が行われ，企業と地域のバランスある発展がはかられる。

図表1－5　企業価値の変遷

```
① 営業価値（　　～1985年）
  （規模拡大，ROE）
            ⇓
② 株主価値（1985～2008年）
  （株価の成長）
            ⇓
③ 社会的価値（2008～　　）
  （社会的問題の解決）
```

　リーマンショックまでの企業は株主価値経営が基本的な経営原理とされ，すべての行動が株主利益に収斂されてきた

　したがってベンチャーキャピタルの投資を受けたベンチャービジネスは，第一に設立3から5年後の株式上場を強いられた。なぜなら，ベンチャーキャピタルの投資家は，高額のプレミアム付き資金回収を強く求めたのである。また株式上場が不可能であれば「転売市場」で投資資金を回収しようとした。さらに，株式上場や企業転売も不可能な場合は，起業家としての経営者の首を挿げ替えて，資金回収をはかろうとした。したがって，そのプロセスでは，従業員の解雇などは平然と行われたのである。

　しかしクラウドファンディングで資金を集めた「新ベンチャービジネス」は，まず社会的課題を解決，または解決しようとしているかが問われる。社会的課題の解決がうまくいっていなければ，追加投資は受けられないし，銀行からの追加融資も受けられない。ましてや雇用を確保することも難しいであろう。し

たがって，こうした「新ベンチャービジネス」は活動を中断するか，CSRの一環として社会活動をしている大企業の軍門に下るよりしかたないであろう。しかし社会的な課題を解決し社会や地域で受け入れられた新ベンチャービジネスは，その後もクラウドファンディングで資金調達が可能であるし，銀行などの融資も受けられるであろう。そして雇用も拡大して，社会的・地域的に信頼を確保していくに違いない。

　新ベンチャービジネスのこのような動きは，「旧ベンチャービジネス」にも，自らの社会性の欠如，過度な株主価値への依存に気付かされるであろう。そして社会的価値に配慮して雇用維持を出来るだけ確保するに違いない。

　そしてそれだけではない。大企業にも大きな影響を与えるであろう。大企業の共通価値経営は，一見社会的価値にも配慮しているようだが，これは欺瞞に満ちたものである。限られた大企業の独占体制の中で社会的な資金をばら撒いたとしても，それは大企業の果実として還流して，大企業の利益となり，結果的には株主価値に還元されてしまう。こうした共通価値経営の限界的構造が「新ベンチャービジネス」の存在によって明らかになるのである。クラウドファンディング社会でのベンチャービジネスには，こうした大企業の経営行動にも警鐘を鳴らすものになるのである。


**【脚　注】**
1) 起業家に関して歴史的かつグローバルに詳述したものに，Geoffrey Jones, Entrepreneurship and Multinationals : Global Business and the Making of the Modern World, Edward Elgar, 2013（坂本，鳥居，正田　監修，現代財務管理研究会訳『起業家精神と多国籍企業の歴史』中央経済社，2018）がある。
　　　ベンチャービジネスの代表的テキストとしては，田所雅之『起業の科学』日経BP社，2017がある。
2) 新ベンチャービジネスへのメガバンクの接近については，「スタートアップ・銀行接近」『日本経済新聞』2019年4月20日を参照せよ。
3) 松田修一『ベンチャー企業（第3版）』日本経済新聞社，2005年および長谷川博和『ベンチャー経営論』東洋経済新報社，2018年。
　　　ベンチャービジネスが社会的に定着・一般化するようになると，大学の講義でも従来の「中小企業論」に加えて新たに「ベンチャービジネス論」が並べられて教育

されるようになった。

　また近年の安定成長経済と呼ばれる時代にあっては，新規起ち上げのベンチャービジネスの経済効果に大きな期待が寄せられ，その活動的・機動的な経営姿勢は，経済活性化の切り札として期待されている。

　ところで，ベンチャービジネスの概念については，特に指摘しておくことがある。それはこの分野での代表的な研究者である松田修一氏の概念規定である。同氏はベンチャービジネスを「成長意欲の強い起業家に率いられたリスクを恐れない若い企業で，製品や商品の独創性，事業の独立性，社会性，さらに国際性を持ったなんらかの新規性のある企業」と定義している。

　この定義は経営面，技術面でベンチャービジネスを規定したものだが，ベンチャービジネスの本質的なものは，ベンチャーキャピタルから投資を受けているという資本面，財務面の特徴で，ここにこそベンチャービジネスの特質が存在する。ROEや上場価格，そしてリスクの重要視は，ベンチャービジネスがベンチャーキャピタルの投資を受けているということを物語っているのである。

4)　スルガ銀行事件については，「スルガ銀不正融資問題」『日本経済新聞』2018年12月30日を参照せよ。

（坂本　恒夫）

# 第2講　ベンチャービジネスの史的展開

## 1　ベンチャービジネス (ベンチャー企業) とベンチャーブーム

「ベンチャービジネス」という言葉が初めて使われたのは1970年の始め頃である。中小企業庁の佃近雄氏がボストン・カレッジ・マネジメントに参加し，アメリカにおいてベンチャービジネスという言葉が使われていることを紹介して広まったと言われている。この後，日本においてベンチャー企業が注目される「ブーム」と呼ばれる時期が3回到来している。

### (1)　第1次ベンチャーブーム (1970年頃~1973年)

第1次ベンチャーブームは，1970年頃から1973年までの間であると言われている。米国の技術主導型ベンチャービジネス創業ラッシュに影響を受け，自動車・電機などの主要産業に関する分野での創業が中心であった。

創業間もないベンチャー企業は信用力が乏しいため，金融機関からの融資を受けることは難しい。このようなベンチャー企業に資金供給できるのがベンチャーキャピタル (以下，VC) である。

銀行とVCにはなぜこのような違いがあるのか。それは，銀行は利息収入，VCは株式売却益が収入源であるからである。例えば銀行の場合，1億円を1,000万円ずつ10社に融資し，利息が2%であるとすると，1,000万円×2%×10件＝1億200万円となり，元本1億円が返済されるのに加え，200万円の利鞘が得られる。ここでもし1件貸し倒れが発生すると，元本1,000万円の損失となる可能性があり，それだけで全融資先の元本と利息が回収できた場合の利益を下回ることとなる。このため，銀行は返済の可能性が低い (リスクが高い) 企業に貸し出すことは難しい。一方のVCは，例えば同様に1億円の元手を1,000万円×10件に投資 (株式を購入) し，そのうち2件のみ事業が成功して株

価が20倍に上昇したとすると，2億円×2件＝4億円となり，事業が失敗し回収できなかった8件8,000万円を容易にカバーできる利益を上げることができる。つまり，高リスクの資金供給が可能であるのがVCであり，ベンチャー企業はそのVCから資金調達するのである。つまり，ベンチャー企業が成長・発展していくためには，VCの充実が不可欠である。

　日本で初めてのVCは，1972年に設立された「京都エンタープライズ・ディベロップメント」である（1980年3月解散）。その後1974年までに7社のVCが誕生した（図表2－1参照）。しかし，当時のVCは「融資的」であり，VC本来のリスクを取った投資ではなかったと言われている。それに加えて，1973年末の第1次石油ショックを契機とする不況の到来によって多くのベンチャー企業が倒産し，ブームの終焉を迎える。

**図表2－1　第1次ベンチャーブーム期頃に設立された主な日本のベンチャーキャピタル**

| 設立年 | 機　関　名 | 系　　列 |
|---|---|---|
| 1972年 | 京都エンタープライズ・ディベロップメント | 京都経済同友会 |
| 1972年 | 日本エンタープライズ・デベロップメント | 日本長期信用銀行系 |
| 1972年 | 日本ベンチャーキャピタル | 住友銀行系 |
| 1973年 | 日本合同ファイナンス | 野村証券系 |
| 1974年 | セントラル・キャピタル | 東海銀行系 |
| 1974年 | 東京ベンチャーキャピタル | 第一勧業銀行系 |
| 1974年 | ダイヤモンド・キャピタル | 三菱銀行系 |

（出所）　新田（1998），46ページをもとに作成。

(2)　**第2次ベンチャーブーム**（1983年頃～1986年）

　第2次ベンチャーブームは，第2次石油ショックから日本経済が立ち直った1983年頃から，プラザ合意の円高容認による一時的な景気後退が始まる1986年までの間であり，ベンチャーキャピタルブームと呼ばれている。日本のVCであるジャフコによる日本で最初の投資事業組合方式の導入（1982年），店頭市場の公開基準の緩和（1983年）を契機としたブームである[1]。

　店頭市場は，後に大阪証券取引所（大証）のヘラクレス，NEO市場と統合し，2013年には東京証券取引所（東証）と大証の合併により，現在は東証が運営しているJASDAQ（ジャスダック）であり，例えば東証１部，２部といったような市場と比較して，上場基準が緩やかであるという特徴がある。この店頭市場の誕生でベンチャー企業が上場しやすくなったことが，VCにどのような影響を与えたのか。前述の通り，VCは将来性があると見込んだ未公開のベンチャー企業の株式を購入する。利益を確定させるためには，いずれ購入した株式をどこかで売却する必要があり，その多数の株式を売却するために，VCは投資先のベンチャー企業に上場を求める。VCが株式売却して利益を確定させることをexitというが，ベンチャー企業が上場しやすくなったということは，VCの投資回収の可能性が高まるということであり，VCにとっては投資を促進させる要因となる。

　このような影響もあり，この時期に多数の証券系・銀行系ベンチャーキャピタルが誕生した。具体的には，1981年末８社であったVCが，1986年には86社まで増加している。VCが多数誕生したことにより，エレクトロニクス，バイオテクノロジーのような高度先端技術を中心とした研究開発型ベンチャーが登場した。

　しかし，多くのVCが存立したことによって，投資先を巡る競争が激化し，本来は投資に値しないような企業にも資金が流れるといった過剰投資が行われるようになった上，円高不況という経済状況も相まって，多くのベンチャー企業が倒産し，ブームが終焉することとなる（図表２－２参照）。

図表2－2　第2次ベンチャーブーム期の主な倒産企業（負債額順）

| 社　名 | 事　業　内　容 | 負債額（億円） | 資本金（百万円） |
|---|---|---|---|
| ミロク経理 | 経理ソフトの販売 | 300 | 3,549 |
| 大日産業 | 間伐材利用の単板積層材製造技術 | 246 | 2,243 |
| 勧業電気機器 | 精密シートコイルモーターの製造技術 | 120 | 1,404 |
| 晋行機工 | 産業，土木工事用の垂直ベルトコンベヤー製造 | 120 | 50 |
| 蛋白資源開発 | 食品廃棄物を飼料，肥料に再生するプラント製造 | 120 | 693 |
| 大日機工 | 産業用ロボット製造 | 55 | 2,480 |
| ハイエストリース・トゥエンティワン | 運転業務代行 | 46.4 | 314 |
| 日清産業 | ストロボ製造 | 45 | 160 |
| 京葉電子 | プリント基板製造 | 45 | 71 |
| クラックス | 繊維製品，電子機器販売 | 30 | 210 |
| テクニカルサービス | 自動翻訳データベース開発 | 26.3 | 154 |
| 横浜マグネティックス | テープレコーダー用磁気ヘッド製造 | 18 | 80 |
| 海研 | 巻き網船団向け漁労装置製作 | 15.7 | 23 |
| プラズマウエルド | 自動溶接装置製造 | 15 | 170 |
| 日本セラミック | 超小型圧電スピーカー開発 | 10 | 10 |

（出所）『朝日新聞』1986年9月6日付夕刊。

### (3)　第3次ベンチャーブーム（1995年頃～2001年頃）

　第3次ベンチャーブームは，行政主導型ベンチャーブームと呼ばれている。バブル崩壊後，日本経済の立て直しを目指した政府が，ベンチャー企業の発展を目途として数々の法律を制定させた。主に以下の法律が制定されたほか，この時期に，中小企業を弱者ではなく独立・自立した存在と位置付けた中小企業基本法の改正が行われている（1999年）。

①　「中小企業創造活動促進法（中小企業の創造的事業活動の促進に関する臨時措置法）」（1995年）

この法律の対象となるのは，創業期の事業者，新商品・新サービスの研究開発・事業化を行っている事業者等であり，支援策の内容は，エンジェル税制を通じた資金供給の円滑化，ベンチャー財団を通じた直接金融支援の促進，リース等による設備投資の円滑化，債務保証制度の拡充，地域活性化創造技術研究開発費補助金の支給，設備投資減税の実施，設備近代化資金制度の充実，低利融資制度の充実，中小企業投資育成株式会社の投資制度の充実，などが挙げられている[2]。

②　「大学等技術移転促進法（大学等における技術に関する研究成果の民間事業者への移転の促進に関する法律，TLO法）」（1998年）

この法律は，「大学や国の試験研究機関等における技術に関する研究成果の効率的な技術移転を促進することにより，新たな事業分野の開拓，産業技術の向上，大学等の研究活動の活性化を図り，我が国の産業構造の転換の円滑化，国民経済の健全な発展，学術の進展に寄与すること」を目的としている。

③　「中小有責法（中小企業等投資事業有限責任組合契約に関する法律）」（1998年）

投資事業組合とは，組合員である投資家から資金を集め，主に出資の形で企業に対し資金を供給する組合のことをいい，1980年前半頃から組成され始めていた。しかし，民法組合で組成されており，組合員（投資家）全員が無限責任を負わなければならなかったため，十分な資金を集めることが困難であった。中小企業やベンチャー企業への出資を促進させるため同法を制定し，これらの企業に投資する業務を執行しない投資事業組合の投資家については，出資額のみ責任を負う（有限責任）ことが認められるようになった[3]。この法律は，2004年に「投資事業有限責任組合契約に関する法律」と名称を変え，現在では大企業や公開企業への出資も認められるようになっている。

④　「新事業創出促進法」（1999年）

この法律は，創業や新事業の創出を促進させるための支援，中小企業者の新技術を利用した事業活動の支援，地域産業の自立的発展を促す事業環境の整備

を行っていくことにより，活力ある経済社会の構築を目的としたものである[4]。2003年2月には同法が一部改正され，これまで株式会社は1千万円，有限会社は300万円必要であった最低資本金を準備することなく，資本金1円であっても株式会社または有限会社を設立することが可能となった（中小企業挑戦支援法）[5]。これにより，これまでよりも会社設立が容易になった。

　同法は，創業や研究開発・事業化を通じて新製品や新サービス等を生み出そうとする創造的事業活動を行う中小企業を支援する「中小企業創造活動促進法（中小企業の創造的事業活動の促進に関する臨時措置法）」（1995年施行），中小企業が経済的環境の変化に対応するための経営革新や経営基盤の強化を支援する「中小企業経営革新支援法」（1999年施行）と整理統合され，2005年4月に「中小企業新事業活動促進法」に改正されている。

　また，これらの法律の他，新興市場の整備が行われた。1999年10月に名古屋証券取引所にセントレックスが開設されたのを始め，1999年11月には東証マザーズ，2000年4月に札幌証券取引所のアンビシャス，同年5月に福岡証券取引所のQ-Board，大証にナスダック・ジャパンが開設された[6]。なお，ナスダック・ジャパンは，2002年12月にニッポン・ニュー・マーケット―「ヘラクレス」に名称を変更，2010年10月にジャスダック開設の新興市場向け市場であったNEO市場とヘラクレスを統合し，「新JASDAQ」になった。前述の通り，同市場は現在は東証に「JASDAQ」として開設されている。

　例えば東京証券取引所第2部に上場するためには，株主数が800人以上，上場時の時価総額20億円以上，最近2年間の利益の額の総額が5億円以上または時価総額が500億円以上といった条件が課せられているが，新興市場のマザーズでは，株主数は200人以上，上場時の時価総額は10億円以上という基準となっており，利益額については不問としている。そのため，例えば現状では赤字の企業であっても上場が可能になっている。これにより，ベンチャー企業は資金調達しやすい環境となり，VCにとってはexitの場が一層充実することとなった。なお，近年ではM&Aによるexitも活発化している。

図表 2 - 3　東証とJASDAQ，マザーズの株式公開基準比較

| 項　目 | 東証・第二部 | JASDAQ（スタンダード） | マザーズ |
|---|---|---|---|
| 株主数 | 800人以上 | （株券等の分布状況）<br>a.公募又は売出し株式数が1,000単位又は上場株式数の10％いずれか多い株式数以上<br>b.株主数　200人以上 | 200人以上（上場までに500単位以上の公募を行うこと） |
| 流通株式 | a.流通株式　4,000単位以上<br>b.流通株式時価総額　10億円以上<br>c.流通株式数（比率）上場株券等の30％以上 | 時価総額5億円以上 | a.流通株式数　2,000単位以上<br>b.流通株式時価総額5億円以上<br>c.流通株式数（比率）上場株券等の25％以上 |
| 時価総額 | 20億円以上 | － | 10億円以上 |
| 事業継続年数 | 新規上場申請日の直前事業年度の末日から起算して，3か年以前から取締役会を設置して，継続的に事業活動をしていること | － | 新規上場申請日から起算して，1年前以前から取締役会を設置して継続的に事業活動をしていること |
| 純資産の額 | 連結純資産の額が10億円以上（かつ単体純資産の額が負でないこと） | 2億円以上 | － |
| 利益の額又は時価総額 | 次のa.又はb.に適合すること<br>a.最近2年間の利益の額の総額が5億円以上であること<br>b.時価総額が500億円以上（最近1年間における売上高が100億円未満である場合を除く） | 次のa.又はb.に適合すること<br>a.最近1年間の利益の額が1億円以上であること<br>b.時価総額が50億円以上 | － |

（出所）　日本取引所グループホームページ。

　これまでのベンチャーブームが短期に終焉したのは、「資金供給側のブーム」であったと言える。ブームによってVCからの資金供給を受け、多くのベンチャー企業が誕生したが、ベンチャー企業自身の実力不足と支援体制や環境条件の未整備等により、ベンチャー企業が相次ぎ倒産していった。これによって株式公開市場も悪化して、VCの投資採算が悪化し、投資スタンスが消極化していくことで、十分な資金供給ができなくなり、ブームが終焉する、という流れが続いていたのである。

　しかし、第3次のベンチャーブーム時に多くのベンチャー企業を支援する法律が制定され、新興市場の環境が整備されたことで、ベンチャー企業が一過性のブームと呼ばれるものから、定着した存在へと変化している。

## ②　ベンチャー企業への多様な資金供給者の登場

　近年、ベンチャー企業への投資が活発化し、これを第4次ベンチャーブームと位置付けている記事も散見される[7]。このブームのような状態となっている理由として指摘できるのが、ベンチャー企業を取り巻く環境が大きく変化しているという点である。それは、資金供給側から見ると、エンジェルの台頭や大企業による投資が挙げられる。以下でそれら資金供給側の変化、さらには資金需要側の変化についても概観する。

### (1)　資金供給者の変化

### ①　エンジェルの台頭

　エンジェルとは、リスクをとってスタートアップ企業（ベンチャー企業）に投資する個人投資家のことである。エンジェルによる投資額は、2011年度の日本は約9.9億円であるのに対し、2012年のアメリカでは229億ドル（約2.3兆円）、エンジェル投資家の数も2010年度の日本は834人、2012年のアメリカでは268,000人と比較にならないほどの差がみられる[8]。日本においてベンチャーの育成・発展を促進させるためには、このエンジェルの人数と投資額を増加させる必要があると言われている。

　しかし近年，日本においてもベンチャー企業出身のエンジェルが新たなベンチャー企業を支援する事例が広がりつつある。例えば，2018年3月29日付の「日経産業新聞」によれば，キャンプファイヤー社長・家入氏，元ミクシィ社長・朝倉氏などが自身でも経営を行いながらエンジェルとしてベンチャー企業に投資し，元コロプラ副社長・千葉氏など元ベンチャー企業経営者がエンジェル投資に専念し，楽天副社長・島田氏，ディー・エヌ・エー共同創業者・川田氏などがメンターとして若い人を応援しているという事例が紹介されている。

　起業家がベンチャー企業を設立し，VC等から援助を受ける→そのベンチャー企業が成功し，上場することで，創業者利益を獲得する→その起業家がエンジェルとなり，新たなベンチャー企業を支援する…という好循環が生まれる「エコシステム」が日本においても確立しつつあるのである。これらエンジェルは，自身でベンチャーを成功させた経験を持っているため，新たなベンチャー企業を成功させる可能性が高い。

　②　大企業によるベンチャー企業への投資

　上述のエンジェルだけでなく，大企業がベンチャー企業に投資していくという事例も増加している。例えばトヨタ自動車は，人工知能等の研究開発を行う子会社Toyota Research InstituteがVCファンド「Toyota AI Ventures」を設立させ，ベンチャー企業支援に関するグローバルプログラム「Call for Innovation」を立ち上げている[9]。その他，図表2－4のような企業がコーポレートベンチャーキャピタル（CVC）を設立させている。CVCとは，事業会社がファンドを組成し，主に自社の事業内容とのシナジー効果が見込める未上場のベンチャー企業に投資する組織である。トヨタ自動車の場合は，自動運転に関する研究開発を促進させることも目的としている。

　資金余剰の時代において，設備投資など有効な資金使用先がない大企業は，多くの現金を保有している。そのような状況において，上場大企業は株主還元として自社株買いや増配を行う一方でM&Aを活発に行っているが，数多くのCVCが設立されているのは，余剰資金をベンチャー企業への投資によって有効活用しようとする流れの一環でもあると考えられる。

図表2－4　近年の主なコーポレートベンチャーキャピタル（CVC）

| 設立年 | ファンド・会社名 | 主な出資企業 | ファンド総額 |
|---|---|---|---|
| 2012 | KDDI Open Innovation Fund | KDDI | 300億円 |
| 2012 | YJキャピタル | ヤフー | 465億円 |
| 2014 | オムロンベンチャーズ | オムロン | 30億円 |
| 2016 | Sony Innovation Fund | ソニー | 100億円 |
| 2016 | JR西日本イノベーションズ | 西日本旅客鉄道 | 30億円 |
| 2017 | パナソニックベンチャーズ | パナソニック | 1億ドル |
| 2017 | Toyota AI Ventures | Toyota Research Institute | 1億ドル |
| 2019 | Innovation Growth Fund | ソニー，大和証券グループ | 150〜200億円 |
| 2019 | Hitachi Ventures GmbH | 日立製作所 | 1億5,000万ドル |

（出所）「週刊ダイヤモンド」第107巻14号，各社ホームページをもとに作成。

## (2)　ベンチャー企業の資金調達の変化

　一方のベンチャー企業も，資金調達の手段が多様化しつつある。最も顕著な事例が，クラウドファンディングである。クラウドファンディングについては，第11，12講において詳細が述べられているのでここでは割愛するが，これによってベンチャー企業はVCからではない資金調達が可能になるのである。前述の通り，VCはベンチャー企業の株式を購入して資金を提供するが，ベンチャー企業側から考えると，一度資金を受け入れたら簡単に退出を促すことはできない。創業者の持株比率は一度低くなったら2度と高まることは無いと考えるべきなので，資本政策は極めて重要となる。

　戦略を考えたり，人材や取引先を紹介してくれたりする場合など，外部投資家が企業価値を高めてくれるのであれば，資金を受け入れるのも1つの手段であるが，経営に積極的に関与するハンズオン型の投資家を多く受け入れると，自身の意図していた方向から逸脱せざるを得ない状況が生じる恐れもある。

　その一方で，クラウドファンディングは小口の個人投資家から少数の資金を

集めるものであり，株式投資型でなければ議決権を付与することなく資金調達が可能となる。経営へのモニタリング能力は高くないので，経営が緩みがちになるというデメリットも指摘されるが，VCから資金調達を受けると株式公開を目指す必要性が生じる。株式公開の準備には相当な時間を要するため，そちらに労力を割いているとビジネスチャンスを逃し，成長を阻害する恐れがある。このような理由から，近年には，早期の株式上場を目指さずに，成長を優先するベンチャー企業が出現してきている。

**【脚　　注】**
1)　投資事業組合については，本講1(3)③を参照のこと。
2)　中小企業庁ホームページ，
　　http://www.chusho.meti.go.jp/keiei/gijut/souzoukatudou_sokusin.html。
3)　経済産業省　経済産業政策局　産業組織課　編（2005）「投資事業有限責任組合契約に関する法律【逐条解説】」，
　　http://www.meti.go.jp/policy/economy/keiei_innovation/sangyokinyu/pdf/konmen.pdf。
4)　衆議院ホームページ，
　　http://www.shugiin.go.jp/internet/itdb_housei.nsf/html/housei/h144152.htm。
5)　中小企業挑戦支援法の特別措置として創設された最低資本金規制の撤廃は，2006年5月に施行された会社法に盛り込まれ，同法は廃止された。また，会社法の施行により，新規に有限会社を設立することはできなくなった。
6)　ナスダック・ジャパンの売買が開始されたのは，2000年6月19日からである。
7)　「日本経済新聞」2018年7月28日付朝刊など。
8)　株式会社野村総合研究所（2015）「エンジェル投資家等を中心としたベンチャーエコシステムについて　最終報告書」20ページ。
9)　トヨタ自動車ホームページ，
　　https://global.toyota/jp/newsroom/corporate/23390208.html。

**（参考文献）**
太田一樹・池田潔・文能照之編著（2007）『ベンチャービジネス論』実教出版。
小野瀬拡（2007）「ベンチャーブームに関する史的考察」『経営学論集』第17巻第3・4号合併号，19～37ページ，
　　http://repository.kyusan-u.ac.jp/dspace/bitstream/11178/2183/1/KJ00004853243.pdf。
株式会社野村総合研究所（2015）「エンジェル投資家等を中心としたベンチャーエコシステムについて　最終報告書」。

経済産業省 経済産業政策局 産業組織課 編（2005）「投資事業有限責任組合契約に関する法律【逐条解説】」。

一橋大学イノベーション研究センター著（2014）『一橋ビジネスレビュー』62巻2号。

― （2019）『一橋ビジネスレビュー』66巻4号。

堀内勇世（2015）「会社法下の保有割合と株主の権利等」大和総研ホームページ。

新田光重（1998）「日本におけるベンチャービジネス支援政策の展開」『城西経済学会誌』第27巻第1号，31〜49ページ，
http://libir.josai.ac.jp/il/user_contents/02/G0000284repository/pdf/JOS-KJ00000108419.pdf

松田修一（2005）『ベンチャー企業（第3版）』日本経済新聞社。

（鳥居　陽介）

# 第Ⅱ部

# 新ベンチャービジネスの起こし方

# 第3講　スタートアッププラン

## 1　ビジネスプランからスタートアッププランへ

　スタートアッププランは，社会的な課題をどのように把握し，そしてそれをどのように解決するかが，具体的に明示されていなければならない。

　クラウドファンディングを含む多様な資金調達が可能になった新規企業の起ち上げは，投資家の投資価値の向上を示しただけでは，資金提供者の満足は得られない。

　幅広い資金提供者を納得させねば，共感を得ることは出来ないし，資金調達の目標金額も達成することは出来ない。

　そこで，まずプランニングで示すべきことは，いかなる課題を取り上げるかを提起することである。

　例えば，地球温暖化を問題とし，$CO_2$の削減・除去を目指す，そしてそのための開発した技術を，多くの企業や人々に利用してもらいたいという課題と解決策を示すならば，課題の深刻さとその技術の有効性を提示しなければならない。

　またプラスチップの素材利用の削減や海洋投棄の縮減を求めるのであれば，プラスチップに代わる素材を提案しなければならないし，海洋投棄を禁止・縮減する手立てを提起しなければならない[1)]。

図表3－1　スタートアッププラン

| 項　目 | 新ベンチャービジネス | 旧ベンチャービジネス |
|---|---|---|
| 1. 事業目的 | 社会的問題の解決 | 株主価値向上 |
| 2. 起業資金 | クラウドファンディング | ベンチャーキャピタル |
| 3. 経営サポーター | プラットフォーマー | ジェネラルマネージャー（GM） |
| 4. 共感対象 | 社会的投資家・公衆 | （特になし） |
| 5. ITおよびAIとの関連 | 活用に積極的 | 一部企業は積極的 |
| 6. 大企業との関連 | 協調関係 | （特になし） |
| 7. 出口戦略 | 途中売却，M&A，上場，継続 | 上場 |

　したがって，これまでのビジネスプランは，株主・投資家の起業時の投資価値にたいして，出口である上場後の投資価値（実現価値）が大きいということを示せば，それで資金調達が可能であったが，スタートアッププランでは，株主・投資家の投資価値がいかなる社会的価値を生み出すかを具体的に示さなければならないのである。

## ２　イノベーション

　社会的価値を生み出す新規企業はどのように生まれるのであろうか。それはイノベーションと呼ばれる考え方の変化，価値観の変化によってもたらされるのである。

　社会的に問題になっている課題は，同じ視点や方法によって解決することは難しい。まず視点を変えて問題を俯瞰してみることが大切である。先ほどの地球温暖化の問題も，従来の化石燃料の消費という延長線上で問題の解決をはかろうとした場合，それは消費の若干の削減程度しか提案・提起できないであろう。エネルギーの源泉を化石燃料から他のものへ転換をする大胆な発想が求められる。またプラスチップの利用削減，海洋投棄禁止には，それに代わる素材を提起しなければならない。これまでの化石素材から木材素材やプラスチップそのものの利用の禁止の手立てを示さなければならないのである。

　自動車産業を例にとれば，自動車という移動手段を私有から共有へ，化石燃料から水素燃料へ，そして手動運転から自動運転へというように，革命的変化が求められるのである。またプラスチップを例にとれば，その利用についても一時的ラッピングという発想を転換して恒久的ラッピングへ，化石素材から木材素材へ，海洋投棄から循環サイクルへの発送転換が求められる。

　したがって，起業家は事業化としての起業ではなく，消費者や地域住民のための起業という発想を持たねばならないのである。それは投資価値の増加ではなく社会的価値の実現という考え方である。

　こうした起業はしたがって，NPOやソーシャルビジネスに近い発想だと言っていいかもしれない。

## ③　スタートアッププランの書き方

### (1)　事業目的

　それでは，具体的に，「図表3－1」にそって，スタートアッププランを書き上げて見よう。

　まず，事業目的だが，旧ベンチャービジネスのそれは，株主価値の向上であり，当初を大きく上回る投資価値の向上，つまり上場に際して売り出し価格が大きく上回ることを説明しなければならない。

　それに対して新ベンチャービジネスの事業目的は，社会的問題の解決である。したがって，そこには社会的問題の歴史的かつ社会的な背景と要因を示しておかねばならない。

　例えば，「秋田再生プロジェクト」のケースを紹介しよう。

　水野千夏氏は，秋田文化リノベーションプロジェクトを起ち上げた。これは，秋田市「千秋公園」内にある，今は使われていない元料亭の建物を秋田舞妓がお茶や踊りを披露する文化産業施設として生まれ変わらせるプロジェクトである。

　水野氏は，横浜市の大学を卒業した後，社会人として神奈川県で過ごした後，秋田市にUターンして秋田市の再生を目指した。そのコンセプトは「秋田美人

の産業化」である。

　その当時，秋田県は都道府県別宿泊者数ランキング全国39位，東北6県でも最下位，そして少子高齢化のトップランナーであったと述べている。つまりすでに秋田自体が限界集落であったと指摘している。

　そこで秋田の観光資源としての秋田美人に注目し，これを産業化の起爆剤としようとしたのである。その舞台は秋田市の千秋公園とし，歴史的・桜の美しさで定評のある，ここを活動の拠点とした。しかし，この歴史深い公園にたたずむ「元・料亭，松下」の建物は廃墟のごとく劣化もすすみ，取り壊し寸前であった。

　水野氏は，失われた秋田の魅力を復活させる試みとして，人で賑わう，休憩できる，そして文化を学べる場所，つまり文化産業施設を再建することとした。

### (2)　起業資金
### (3)　経営サポーター

　次に起業資金であるが，従来のベンチャービジネスでは，ベンチャーキャピタルの投資資金を呼び込むように，周到にビジネスプランを作成する。特に投資資金が，上場時には多額のプレミアムをもたらす可能性について説明する。具体的には，ベンチャーキャピタルのジェネラルマネージャーに相談しながら，共同起業家と綿密に協議する。

　これに対して新ベンチャービジネスの水野氏は，再建主体を「株式会社せん」として，改修・初期費用の5,000万円のうち1,000万円をクラウドファンディングで募集した。また地元の秋田銀行，北都銀行にも協力をお願いした。

　当初，水野氏は地元の銀行に融資を持ち掛けた。しかし，当時，地域創生はきわめて難しいプロジェクトであり，国・県支援の公共事業であればともかくも民間の企画であればほとんど成功の可能性はないということで，前向きな返事は得られなかった。

　しかし，こうした厳しい状況のなかで，北都銀行が行っていた再生事業会社「食彩プロデュース」の佐々木明氏が，水野氏にクラウドファンディングをア

ドバイスし，Readyforとの交渉が始まった。Readyforは，READYFOR株式会社に運営されているクラウドファンディングサービスの名称である。

　2011年3月に開始した日本初かつ日本最大のもので，ミッションは「誰もがやりたいことを実現できる世の中をつくる」である。2018年3月現在，7,950のプロジェクトの支援が開始され，約56億円の累計支援額が集まっている。

　水野氏は，したがって，Readyforのプラットフォーマーと相談しながら，資金の募集をしたが，支援総額は14,103,000円で，目標金額の10,000,000円を大きく超えるものとなった。

### (4)　共 感 対 象

　次に共感対象であるが，旧ベンチャービジネスの場合は，共感という概念が存在しない。これに近いものは，資本市場の投資家である。しかし投資家は共感を覚えて投資をするのではないので，これの対象ではない。

　これに対して，新ベンチャービジネスは，共感はきわめて大切なものである。水野氏のプロジェクトでは，277人が支援をしてくれたが，秋田および秋田近県，そして秋田の出身者が，このプロジェクトに賛同して資金提供をしてくれたのである。

　また，これには潜在的な資金提供者も存在すると考えられるので，第2次プロジェクトには，さらに多くの賛同者が集まる可能性もある。

### (5)　ITおよびAIとの関係
### (6)　大企業との関連

　このことについて，よく事例として取り上げられるのが，前述した(株)プリファード・ネットワークスである。ディープラーニングの研究と開発を行うベンチャービジネスで，デバイスが生み出す膨大なデータをネットワークのエッジで分散協調的に処理する技術を提唱し，交通システム，製造業，バイオ・ヘルスケアの3つの重点事業領域を中心に，様々な分野でイノベーションの実現を目指している。

　そして，トヨタ自動車，ファナック，国立がん研究センターなどと対等に事業に取り組み，従来のベンチャービジネスとは異質の動きを示している。

　新ベンチャービジネスは，頭脳集団であることが多く，これらの人材および技術は，出遅れている分野では特に強い食指を伸ばしている。

　従来，小規模な企業には必ずしも関心を示さなかった大企業だが，現在では，強いアプローチを先進的ベンチャーにかけている。


### (7)　出 口 戦 略

　従来のベンチャービジネスは，ベンチャーキャピタルから投資を受けている関係上，出口は上場を果たして，投資家の資金回収を可能にすることであった。

　新ベンチャービジネスの出口は，上場もあるが途中売却およびM&Aも存在する。

　近年目立つのは大企業とのM&Aである。これは投資をしているクラウドファンディング資金やベンチャーキャピタルが，資金の回転を速めたいという要望が強いためだと言われている。

　また，クラウドファンディングやベンチャーキャピタルの資金が実際は，大企業から提供されていて，ビジネス採算の見通しが立てば，大企業本体が自らの本業として編入する場合も多いからだとも言われている。

　具体的には，例えばソニーは，大和証券と提携して，200億円の投資ファンドを組成する。これはロボティクスや人工知能，フィンテックなどの新興企業に数億円から数十億円を投資するとしている[2]。

　さらに，上場を待たず途中でビジネスを売却する場合もある。上場の条件が整わなければ，それを他のベンチャービジネスや大企業に身売りするのである。資金コストを意識する投資家は，上場を待たず，M&Aによって資金の回転を速めようとしていると思われる。

## 4　社会的価値の実現とその課題

### (1)　社会的価値の実現

　ビジネスプランが株主価値経営の原理をもとに書かれたのに対して，スタートアッププランは社会的価値をもとに書かれている。

　株主価値経営とは，すべての利益を株主に収斂する経営である。経営現場では利益率引き上げが重視され，経費の削減，固定費の変動費化，特化戦略などが重視される。そして投資金額にたいして一定のROEが確保されないとすると資本規模の見直しがなされる。また，それでも投資利益が確保されないとすると事業売却，あるいはM&Aが考慮される。さらにこうした経営意思を持たない経営者は解雇されトップは交代される。

　したがってビジネスプランは一定程度以上の利益率を想定してまず設定される。そして許される経費や事業分野が選択され，これらが実現しないとなれば起ち上げが中止されるか，アイデアだけが他の起業家に売却される。

　ここにおけるベンチャーキャピタルは，利益率の観点からビジネスプランを点検し，改良の余地があればアドバイスを行う。またベンチャービジネスの経営に不安があれば，自らかまたは経営のプロを送り込み，想定のROEが実現するよう，また改善するよう人的支援を行う。

　これに対して社会的価値の実現を目指すスタートアッププランは，まずプランニングにおいてこれがいかに社会的課題の解決に役立つか検討される。これが利益率引き上げには役立っても，社会的課題の解決に役立たない場合には却下される。自然環境や社会環境の改善に役立つプランなのかどうかがまず吟味される。なんら社会問題の解決につながらないのであれば，そのプランは採用されない。

　それから近年の特徴として，顧客・従業員・地域住民など利害関係者への配慮がなされないものは却下される。なぜならスタートアッププランがいかに社会的価値を追求しても，それが新たなコンフリクトを起こしては問題の解決にならないからである。

シリコンバレーを例にとれば，これまで半導体，パソコン，インターネット，スマートフォン，ソーシャルメディア，そしてバイオ・ヘルスケアなどの領域で次々と社会的課題を解決してきたが，起業家やプラットフォーマーのビジネス手法に批判や警戒が集まっていると言う。傍若無人な行いや女性軽視の風土にその成果とは裏腹に底の浅さをさらけ出しているのである。倫理や道徳などバランスある経営行動が求められていると指摘されている[3]。

### (2)　求められる新ベンチャービジネス起業家の倫理観

これは，スタートアッププランを書き上げる前提の問題であるが，それは起業家の倫理観である。

株主価値経営を情熱を持って熱心に推し進めたGEのCEOであったジャック・ウエルチは，在任中の1981年から1998年に株主資本利益率を大幅に引き上げ，時価総額を大きく伸ばし，機関投資家からは「経営の神様」とあがめられた。しかし退任後，彼の法外な待遇が問題とされその経営感覚が根本から問題視された。また，ルノーおよび日産自動車の会長およびCEOであったカルロス・ゴーンは，日産をV字回復させたとして名声を博したが，会社の財産を私的な費用に流用したとして，現在係争中である。

どのように事業で成功しても，会社の財産を私的に，また常識を超えて獲得することは，起業家としてだけでなく人間としても，きわめて問題のあることである。とりわけ，新ベンチャービジネスの起業目的は社会的価値であり，多くの投資家・支援者の共感によって成り立っている。個人的にも，また社会的にも，起業家はしっかりとした倫理観を兼ね備えていなくてはならないのである。

【脚　　注】
1)　脱プラスチップの動きについては,「なぜ, 今, 脱プラ運動―海洋流出5兆個問題視」『日本経済新聞』2019年8月19日, を参照せよ。
2)　大企業の投資ファンドの組成については,「ソニーが投資ファンド」『日本経済新聞』2019年7月3日参照。
3)　シリコンバレーの現状については, 村山恵一「シリコンバレーが平凡に」『日本経済新聞』2019年8月8日, を参照せよ。

(坂本　恒夫)

# 第4講 新ベンチャービジネスと
デザインシンキング

## 1 はじめに

デザインはアート（芸術・美術）と混同されやすく，しばしばビジネスとは無縁のものであると誤解されることすらある。実際には，画家の描く絵画とグラフィックデザイナーが作るポスターとは全く別物である。絵画作品が画家の内発的な動機付けによって制作される自己表現であるのに対して，ポスターは「情報をターゲットユーザーに届ける」という目的を達成するために制作される。したがって，どんなに美しく表現できていたとしても，売り上げや集客などの目的を達成できなければ，そのポスターが高く評価されることはない。

制作目的の有無こそが，画家とグラフィックデザイナーの思考プロセスを大きく隔てている。デザイナーは目的を達成するために論理的な思考を駆使しており，それをデザイナー以外のビジネスパーソンにも応用可能な形でモデル化したものが「デザインシンキング（Design Thinking／以下，デザイン思考と表記する）」である。

## 2 ビジネスとデザインの関係の歴史

ビジネスとデザインの関係がどのように変化してきたのか，グラフィックデザインとインダストリアルデザインを例に概観しておこう。19世紀，産業革命によってカラー印刷技術がグラフィックデザインを，機械化した生産加工技術がインダストリアルデザインを生み出した。

当初は画家がポスターや商品パッケージ用に絵画を描いた。それまでは一部の特権階級のものだった鮮やかなアート作品が大量に印刷されて大衆の元にやってきたので，大変な人気を博した。企業経営者たちはこぞって画家にポス

ター制作を依頼し，今日私たちの生活を埋め尽くしている広告宣伝やグラフィックデザインの基礎を築いていった。当時の代表的な画家（ロートレックやミュシャなど）のポスターは現在でも多くのファンを魅了し続けているが，ビジネスにおけるデザインの役割は「人々の注目を引くための表面的な飾り付け」に過ぎなかった。

　20世紀前半に米国で自動車の大量生産が始まった当時，フォード社は合理化を優先して真っ黒な「Ｔ型フォード」１車種しか生産しなかった。一方，ゼネラルモーターズ（GM）社は定期的に新しいデザインにモデルチェンジしたり，豊富な車種や鮮やかなカラーバリエーションを用意した。フォード社が単一車種にこだわったのは，その方が生産コストを抑えて安く販売できるためだが，消費者は，たとえ性能に大きな違いが無いとしても，豊富なスタイルやカラーリングから自分好みのデザインを選べるデザインを提供したGM社を支持した。その後，1929年の大恐慌で不況にあえぐ企業がこの手法を拡大する。商品の中身には手を加えずに表面のスタイルだけを変更し，以前のスタイルを意図的に古臭く感じるように広告宣伝することで，消費者の購買欲をかき立てた。その結果，ビジネスにとってデザインは「販売を促進するために外観を変える」という大きな役割を担うようになった。

　1940年代になるとインダストリアルデザイナーの草分けとして知られるレイモンド・ローウィがMAYA（Most Advanced Yet Acceptable＝先進的ではあるがぎりぎり受け入れられる）を提唱し，「消費者が新しいものの誘惑と，未知のものに対する怖れを感じるギリギリの境界線を狙った製品」が多数登場することになった。この手法は「計画的陳腐化」と呼ばれ，現在でも自動車業界や家電業界などで当たり前のように用いられている。この「計画的陳腐化」に基づいた工業製品に囲まれて生活してきた世代にとって，デザインは「ギリギリ許容できる範囲で突飛なもの」という意味で捉えられている可能性が高い。

　やがて20世紀後半を迎え，経済が成熟して似たような商品やサービスが溢れるようになると，競合との違いを明確にするためのブランディングや情報発信の重要性が高まった。デザインは，単に外観を飾ったり計画的に陳腐化するた

めのものから，商品を購入することによって消費者が得る体験の質や，企業の理念やビジョンを消費者に伝えるプロセスなど，目には見えない課題を解決する手法として活用されるようになった。

それまでは「スタイリングの専門家」と位置付けられてきたデザイナーが，目に見えないものまでデザインするようになると，デザインという行為が，それまで多くのビジネスパーソンが思い描いていた「個性的なひらめきの産物」ではなく，論理的な思考プロセスを経て生み出されるものであるということが明らかになってきた。

例えば，製造業では「製品開発はエンジニアを中心に進められ，最終工程で製品の外観を整えるのがデザイナーの仕事」とみなされてきたが，近年では開発の初期段階からデザイナーを参加させたり，デザイナーを中心に開発を進める企業が現れている。

2018年にソニーが発売した映画撮影用のデジタルカメラ「VENICE」は製品開発の主役としてデザイナーが加わった例として知られている。デザイナーたちは映画の撮影現場に赴いて，カメラが誰にどう扱われているのかを観察し，そこで得た洞察をもとに「ミスを減らして映画撮影に集中できる」というユーザー体験をデザインすることに成功した。

以上のように，ビジネスにおけるデザインの役割は変化してきたが，未だにデザインを「飾り付けのこと」と捉えている企業もある。一方で，積極的にデザイナーの思考手法を業務プロセスに取り入れている企業では「イノベーションや問題解決の手法のこと」と捉えているだろう。企業におけるデザインの導入段階には温度差があり，以下の4段階で整理することができる。

| |
|---|
| ステージ4：デザインを経営戦略として位置付けている |
| ステージ3：デザインを業務のプロセスの中に取り入れている |
| ステージ2：デザインをスタイリングとして扱っている |
| ステージ1：デザインをまったく取り入れていない |

（出所）「デザインの次に来るもの」安西洋之・八重樫文，2017。

## ❸　デザインを業務プロセスや経営戦略に取り入れる

　2018年５月，経済産業省と特許庁が共同で『「デザイン経営」宣言』を発表し，話題となった。宣言では，機能や品質のみで差別化が困難な時代を迎え，米アップル社や英ダイソン社などの欧米企業デザインを経営戦略に取り入れて商品価値を高めている事例を紹介しつつ，デザイン経営を「デザインを重要な経営資源として活用し，ブランド力とイノベーション力を向上させる経営手法」と定義している。

　企業がデザイン経営を実現するためには，①経営チームにデザイン責任者がいること，②事業戦略構築の最上流からデザインが関与することが必要である。つまり，前項で示した企業におけるデザインの導入段階におけるステージ２（デザインを単にスタイリングとして扱う）から脱却し，ステージ３・４（デザインを業務プロセスや経営戦略に取り入れる）を実現する企業を増やしていくのが，今後の日本のデザイン政策である。

　なお，デザインに関する政策は，『「デザイン経営」宣言』が初めてではない。日本のデザイン政策は，1950年代後半に，国内メーカーによる欧米製品のデザイン模倣を防止することを目的にスタートした。当時の通商産業省に「デザイン課」が設置されたり，優れたデザインを選定する「グッドデザイン賞」が創設されたのもこの頃である。

　その後，1961年から概ね10年おきにデザインに関する答申や報告書が発表されてきた。大きく区分すると，①欧米デザインを盗用しないように自力で優れたデザインを生み出せる企業を増やすことを目指した振興期（1950〜1970年代），②地域や中小企業でもデザインを積極的に活用することを目指した普及期（1980年代〜1990年代）を経て，③2000年代にはブランディングや戦略的なデザイン活用を目指すようになり，④業務プロセスや経営戦略にデザイン取り入れることを提唱する「デザイン経営宣言」に至る。

　デザイン経営宣言が提唱する「経営チームの一員として事業戦略構築の最上流でデザインを担当する役職」をCDOやCCOと呼ぶ。他にも，デザインやコ

ンテンツを通じたユーザー体験全体を統括する役職としてCBO，CXOなど，企業ごとに様々な名称の役職が置かれている。経営チームにデザイン責任者を置かない企業では，最終的な決定権を持つ社長の好き嫌いでデザインが決定されたり，部署ごとにバラバラな情報発信が行われがちである。一方，CDO・CCOを置く企業では，デザイン開発予算やデザイナーの人事，ブランディングの方向性などの意思決定権が移譲されるので，高品質なデザインを素早く生み出したり，効果的なブランディングを継続して推し進めることが可能になる。

図表4－1　経営チームのデザイン責任者

| CDO | Chief Design Officer | 最高デザイン責任者 |
| CCO | Chief Creative Officer | 最高クリエイティブ責任者 |
| CBO | Chief Branding Officer | 最高ブランド責任者 |
| CXO | Chief eXperience Officer | 最高ユーザー体験責任者 |

※　筆者が作成。

## 4　EUのデザイン政策とデザイン・ドリブン・イノベーション

　海外のデザイン政策の一例として，EUの取り組みを紹介しておこう。

　EUでは，2011年に欧州デザインリーダーシップ評議会（EDLB）を設置した。また，2016年から中小企業向けにデザイン導入教育の機会が提供され，日常的なビジネス業務にデザインを使う方法について無料で学ぶことができる仕組みを整備するなど，デザインを積極的に活用したイノベーション推進政策を展開している。

　EUのデザイン政策の特徴は，①デザイン思考，②ユーザー中心デザイン，③デザイン・ドリブン・イノベーションの3つを柱としている点である。「デザイン・ドリブン・イノベーション」は，ミラノ工科大学のロベルト・ベルガンディ教授が提唱したもので，研究開発にリソースを割く余力が無い中小企業がイノベーションを起こす手法として注目されている。意味合いとしては「デザインを使ってイノベーションを促す」だが，その目指すところは「意味のイノベーション」である。つまり，新しい製品を開発したり外観を変えたりする

のではなく，意味を付け替えることで価値を生むことを目指す。代表的な例として，ロウソクが挙げられることが多い。電球の普及でロウソクは光源としての価値を失ったが，現在はロマンチックな空間演出のアイテムとして購入されている。また，スイスの腕時計「スウォッチ」も，その日の服装や気分で腕時計を選ぶ「ファッションアイテムとしての腕時計」という新しい意味を生み出した。

## ⑤　イノベーションとデザイン思考

本講でこれまで幾度か登場した「イノベーション」こそが，現代のビジネスにおいてデザインに期待されているゴールの一つである。企業は，デザインを経営に取り入れてイノベーションを起こそうとしている。

イノベーション理論の提唱者であるヨーゼフ・シュンペーターは，①新製品の開発，②新たな生産方式の導入，③新たな市場または消費者の開拓，④新たな資源の獲得，⑤組織改革などを通じて，経済発展や景気循環がもたらすとしている。また，ピーター・ドラッカーは，イノベーションを「顧客自身が気がついていない潜在的な欲求を創り出して，新しい需要をつくる動き」であると定義し，イノベーションの機会を以下の7つにまとめている。

---

1．予期せぬ成功と失敗を利用する
2．ギャップを探す
3．ニーズを見つける
4．産業構造の変化を知る
5．人口構造の変化に着目する
6．考え方・価値観・認識の変化を取り入れる
7．新しい技術

---

一般的にイメージされる研究開発によるイノベーションは「7」の機会であり，最も難しく高リスクだが成功すれば大きな利益や名声が得られるとしている。前項で紹介したEUの「デザイン・ドリブン・イノベーション」の考え方は，「1〜6」の機会をきっかけに，意味の付け替えによってイノベーションの実現を目指す手法といえる。

　多くの人々にとってイノベーションとは「誰にでも起こせるもの」ではなく，偶然の産物であったり，突飛な発想を持った天才が生み出すものだと捉えられてきた。しかし，将来的には誰もがイノベーションを起こせるようになるかもしれない。国際標準化機構（ISO）が2013年にイノベーションマネジメントに関する専門委員会（ISO/TC 279）を設置し，50カ国以上を巻き込んで標準化作業を進めており，早ければ2019年にも発表される見通しで，イノベーションを実現するためのノウハウやプロセスを，どの企業でも実践できるようになるという。ISO/TC 279の議論では，企業にイノベーションをもたらす条件として，①経営者のコミットメント，②イノベーション人材，③イノベーション人材を支援する加速支援者の必要性を指摘している。また，実際のイノベーション活動を行う主役である「イノベーション人材」に求められる能力として以下の3つを挙げている。

---

1．デザイン思考力
2．ビジネスモデル構築力
3．リーンスタートアップ推進力

---

　ここでは，本講のテーマであるデザイン思考力に絞って解説を進める。

## ⑥　デザイン思考とは

　「デザイン思考」という言葉を世に広めたのは，「世界でも最もイノベーティブな企業」としてビジネス誌に選出されたこともあるアメリカのデザインコンサルティング会社IDEO（アイディオ）社を創業したケリー兄弟である。

　ケリー兄弟は著書「クリエイティブマインドセット」において，デザイン思考を「デザインを実践する人々の道具や考え方を用いて，人間のニーズを発見し，新しい解決策を生み出すための手法」と定義している。具体的には，以下の4段階を繰り返し反復することで，デザイン主導のイノベーションが実現するとしている。

> 1．着想（現場で様々な人々に密着して観察したりインタビューする）
> 2．統合（現場で得た情報からパターンやテーマ，意味を見つけ出す）
> 3．アイデア創造（無数のアイデアを出し，検討し，試作を繰り返す）
> 4．実現（実際に市場に展開し，フィードバックを得て改良を繰り返す）

　デザイン思考は，企業の技術開発や過去の成功体験からではなく，徹底した現場主義に基づいた人間観察やインタビュー（この手法をエスノグラフィーと呼ぶ）からスタートし，そこで得た情報をもとに沢山のアイデアを生み出して試作と改良を繰り返す，「人間中心」のアプローチである。エスノグラフィーを経て得たアイデアを元に，できる範囲で試作品を作り，現場に持ち込んで検証する。その際のポイントは，アイデアをスピーディーに形にすることである。紙とペンを使ったビジュアルスケッチや，身近なものを組み合わせた試作品で構わないから，とにかく「手を動かしながら考える」ことが求められる。デザイン思考のワークフローで開発された商品として，任天堂の家庭用ゲーム機「Wii」が知られている。ユーザーの観察から「ゲーム機があると親子の会話が減る」という課題を発見し，「親子が一緒に楽しめるゲーム機」の開発に着手。コントローラーの形状など試作を繰り返した結果，それまでとは全く違うコンセプトのゲーム機として世界的なヒット商品となった。

## 7　デザイナーとデザイン思考家

　ケリー兄弟からIDEO社を引き継いだティム・ブラウンは，著書「デザイン思考が世界を変える」において「デザイナー」と「デザイン思考家」を明確に別の存在として表現している。

| デザイナー | 既に顕在化したユーザーのニーズを満たす |
|---|---|
| デザイン思考家 | ユーザー自身も気づいていない潜在的なニーズを形にする |

　これは，ドラッカーが「マーケティングとはすでに顕在化している欲求を満足させて需要に変える動きであり，イノベーションとは顧客自身が気がついていない欲求を創り出して新しい需要をつくる動きである。」と論じたことに通

ずる。つまり，デザイン思考家こそが，イノベーションを導き出す存在と主張
しているのである。また，「優秀なデザイン思考家は観察するが，偉大なデザ
イン思考家は普通を観察する」とし，人々が日常生活で当たり前だと感じてい
る行動や物事について，疑問を持って観察することの重要性を説いている。

　また，ティム・ブラウンは同じ著書の中で，組織内のイノベーションを評価
する「成長方法マトリクス」を紹介している。実際のビジネスの現場ではマト
リクスの左下（既存の商品／既存の消費者）のプロジェクトが最も多く，成功し
たブランドの拡張や既存の製品の次世代版などの漸進的なイノベーションを指
す。このケースではニーズは既に顕在化している可能性が高く，既存の消費者
をターゲットとして観察やインタビューすることで着想を得やすい。したがっ
て（デザイン思考家ではない）デザイナーは，主にこうした漸進的なイノベー
ションを導いていると考えられる。

　マトリクスの他の３つは，既存の消費者に新しい商品を届けたり（拡張），
既存の商品を新しい消費者に届ける（適合）といった革新的なイノベーション
である。最も困難でリスクが高いのが右上（商品も消費者も新規）であり，この
ような急進的で革命的なイノベーションを「デザイン思考家」が担っていると
解釈することができる。

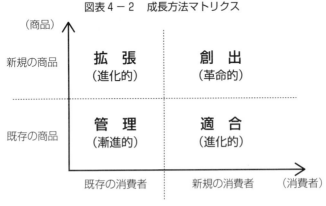

図表4－2　成長方法マトリクス

（出所）「デザイン思考が世界を変える」ティム・ブラウン，2014年。

## ⑧　デザイン思考を学ぶ・身に付ける

　今日では，経営学修士（MBA）のカリキュラムにデザイン思考を導入してい
るケースも多く，ビジネスの領域にデザイン思考が浸透してきている。

　著名なスクールは，アメリカのイリノイ工科大学のデザインスクール（ID）
やスタンフォード大学のハッソ・プラットナー・デザイン研究所（dスクール）
である。dスクールにはいわゆる「デザイン」の課程は無く，医学やビジネス，
法律，エンジニアリングなど多岐にわたる分野を学ぶ大学院生と教員が集まっ
て，公共の利益を目的とした共同デザインプロジェクトに取り組んでいる。国
内では，東京大学の「i.school」において，学部横断型のプロジェクトやワー
クショップを通じたイノベーション人材の育成を進めているほか，慶応義塾大
学のシステム・デザイン・マネジメント研究科（SDM）では，デザイン思考と
システム思考を基盤としたイノベーション人材を育成している。

　大学に通わなくとも，デザイン思考をテーマにしたセミナーやワークショッ
プに参加することで手法を学ぶこともできる。ただし，半日や数日かけて何度
かプロセスを体験するだけでデザイン思考を身に付けることができるのか，懐
疑的な意見もある。特に，セミナーやワークショップでは主催側が「取り組む
領域や観察するユーザー」を予め設定してあることが多く，肝心の「領域をど
のように設定するか」についての学びが抜け落ちているケースが指摘されてい
る。即ち，先述したエスノグラフィーにおいて，フィールドワーク前に行われ
るべき初期リサーチ（仮説を立てたり，観察する対象を選定する）のトレーニング
が欠けたワークショップでは，実際に自分の職場でデザイン思考を実践する際
に苦戦することになる。

## ⑨　おわりに：デザイン思考と創造力

　我々は大人になるにつれて生まれながらに持っていた創造性や，身の回りの
当たり前を疑う「なぜ？」という問いを失ってしまう。このことについて前出
のティム・ブラウンは，学校教育では分析的・収束的な思考が重視されるため

に，卒業する頃には大半の生徒が「創造性は重要ではない」，「創造性とは一部の才能ある奇人の特権だ」という信念を持つようになると指摘している。したがって，大学や社会人になってからデザイン思考のトレーニングを受けるのではなく，もっと早い段階でデザイン思考や創造性に関する教育を取り入れる必要がある。教育アドバイザーのケン・ロビンソンも，TEDカンファレンス「学校教育は創造性を殺してしまっている」(2006年) において，創造性や自己表現に関する教育がいかに重要かを説き，学校教育で働く上で役に立つかどうかばかりが重視されていることに警鐘を鳴らした。カンファレンスの動画はこれまでに5,500万回以上視聴され，世界中で多くの共感を得ている。

　自分の創造力を信じることこそがイノベーションの核心である。創造力に対する自信とは，「自分には周囲の世界を変える力がある」という信念であり，「自分のしようと思っていることを実現できる」という確信である。デザイン思考のプロセスや手法をいくら学んでも，自分の創造力を信じることができなければ，革新的なイノベーションを起こすことはできない。

**（参考文献・資料）**

トムケリー＆デイヴィッド・ケリー，千葉敏生訳「クリエイティブマインドセット」，日経BP社，2014年。

ティム・ブラウン，千葉敏生訳「デザイン思考が世界を変える」早川書房，2014年。

安西洋之・八重樫文「デザインの次に来るもの」クロスメディア・パブリッシング，2017年。

紺野登「ビジネスのためのデザイン思考」東洋経済新報社，2010年。

西口尚宏・紺野登「イノベーターになる」日本経済新聞出版社，2018年。

佐宗邦威「21世紀のビジネスにデザイン思考が必要な理由」株式会社クロスメディア・パブリッシング，2015年。

ソニーの開発現場が激変　エンジニアに加えデザイナーも主役に：日経クロストレンド，2019年1月30日配信。

　(https://trend.nikkeibp.co.jp/atcl/contents/18/00111/00003/)

「デザイン経営」宣言：経済産業省・特許庁　産業競争力とデザインを考える研究会，2018年5月23日。

　(http://www.meti.go.jp/press/2018/05/20180523002/20180523002-1.pdf)

経済産業省「デザイン政策の変遷」

　(http://www.meti.go.jp/policy/mono_info_service/mono/human-design/policy1.

html＃_ftn 1）

経済産業省「戦略的デザイン活用研究会報告について『デザインはブランド確立への近道』―デザイン政策ルネッサンス―（競争力強化に向けた40の提言）」2003年6月10日。
（http://www.meti.go.jp/policy/mono_info_service/mono/human-design/downloadfiles/kennkyuukaihoukoku/030610design-point.pdf）

経済産業政策局「SDGsとイノベーション経営」2018年12月。
（http://www.meti.go.jp/shingikai/economy/sdgs_esg/pdf/002_03_00.pdf）

「イノベーションの国際標準（ISO）化 2019年春に実現へ」日経クロストレンド. 2018年11月22日。
（https：//trend.nikkeibp.co.jp/atcl/contents/18/00074/00010/）

「『デザインシンキングなんて糞食らえ』。ペンタグラムのナターシャ・ジェンが投げかける疑問」AXIS Web Magazine. 2018年10月22日。
（https://www.axismag.jp/posts/2018/10/99156.html

TED 2006「学校教育は創造性を殺してしまっている」ケン・ロビンソン，2006年。
（https://www.ted.com/talks/ken_robinson_says_schools_kill_creativity）

（木村　信綱）

# 第5講　共　　感

## 1　新ベンチャービジネスと共感及びソーシャルインパクトについて

　この講では新ベンチャービジネスの起こし方として，「共感」（共感のビジネスコンセプトを持つこと）が大切とされるが，これを事例を用いて見ていくこととする。

### (1)　「共感」とソーシャルインパクトについて

　坂本恒夫氏は，第Ⅰ部第1講で新ベンチャービジネスを6つの要素から規定しているが，その中で共感が大切なことを述べている。ここでいう共感とは「共通の社会的な問題や課題について，共に解決しようとか，共に取り組もうとすること」としている。

　新ベンチャービジネスは，社会的な課題を解決，または解決しようとしているかが問われるが，この時，共感を得られることが大切である。

　また，ソーシャルインパクトも重要な点であると考える。ソーシャルインパクトを直訳すると社会的な影響力のことである。ここで前述の坂本氏は，新ベンチャービジネスの重要な要素の中で「共感のビジネスコンセプトを持つこと」と述べており[1]，特にソーシャルインパクトを共感として捉えている。筆者もこれに同意する。そこで筆者は，ソーシャルインパクトについて「社会に共感を呼び影響を与えること」と定義する。

　つまり新ベンチャービジネスで大切なことは，「共感のビジネスコンセプトを持ち，社会に共感を呼び影響を与えること」であると考える。

　この講では新ベンチャービジネスの2社の事例を見て，共感のビジネスコンセプトを持ち，社会に共感を呼び影響を与えていることを見ていくが，その前

に海外や日本の新ベンチャービジネス事情を概観しておきたい。ここでは，新ベンチャービジネスについて一般的に使われるスタートアップ（企業）の名称（第Ⅰ部第1講参照）による新ベンチャービジネス事情の概観を行う。

　まず(2)で米国や海外のスタートアップ事情を概観し，(3)で日本のスタートアップの現状を見ていく。

　次いで第2節で新ベンチャービジネスの2社の事例を見て，共感のビジネスコンセプトを持つことを確認し，各々のそのソーシャルインパクト，即ち何が社会に共感を呼び影響を与えているかを見ていくこととする。

### (2)　米国や海外のスタートアップ事情

　スタートアップについては，米国が世界的に影響を与えている企業を輩出していることで有名で，代表格がGAFAと呼ばれる4社である。検索エンジンのGoogle，デジタルデバイスのApple，SNSのFacebook，ネットショップのAmazonのことで，各分野で市場を席巻している企業である。

　米国のシリコンバレーにそのような企業が起業し集積していることで有名であるが，世界でもスタートアップが育つ都市が増えつつある。これは社会的に影響を与えるようなスタートアップを起業させ，経済の活性化を図っていくという国や地域の戦略が背景にあることが多いためとされている。

　米国以外でも，中国の北京・上海，イギリスのロンドン，フランスのパリ他があげられる。

　ここで世界のスタートアップ・エコシステムをモニターするStartup Genomeの発表した「Global Startup Ecosystem Report」がある（2017年版）。この中に世界中の20のスタートアップ・エコシステムの情報をランキングしたコンポーネント・インデックスがある。このインデックスは，資金調達・人材等の5つの主要なコンポーネントの評価を数値化しランキングしたものである（このランキングでは言語障壁などの理由から日本や東京は調査対象には含まれていない）。上位10都市には，以下のような都市がランクされている。1位シリコンバレー，2位ニューヨーク，3位ロンドン，4位北京，5位ボストン，6位テ

ルアビブ，7位ベルリン，8位上海，9位ロサンゼルス，10位シアトルである。

　次いで，日本のスタートアップの現状を見る。

### (3)　日本のスタートアップの現状

　日本でも少しずつスタートアップをめぐる環境に変化が出てきており，東京，福岡，大阪などでスタートアップ企業が出やすい環境整備が徐々になされてきている。

　国の政策としても，2013年に「日本再興戦略」を決定し，戦略として民間の力を最大限に引き出すことが成長に欠かせず，産業の新陳代謝と起業を促すことが重要だとした。次いで2015年に安倍首相がシリコンバレーに行き「架け橋プロジェクト」を表明し，2017年には「未来投資戦略」がまとめられた[2]。この中で，イノベーションを起こすベンチャー企業を生み出す好循環システムの環境作りが取り上げられている。

　さらに日本のスタートアップを巡る大きな動きとして，J-Startup[3] がある。これは2017年12月に閣議決定された「新しい経済政策パッケージ」に掲げられた政府のスタートアップ支援策である。世界で戦い勝てるスタートアップ企業を生み出し，革新的な技術やビジネスモデルで世界に新しい価値を提供する。それがスタートアップ企業の育成支援プログラム「J-Startup」である。日本のスタートアップ企業約10,000社の中から，約100社の企業をJ-Startupの「特待生（J-Startup企業）以下J-Startup企業という」として認定し，官民で集中支援し，成功モデルを創出する。これにより，政府が掲げる「企業価値または時価総額が10億ドル以上となる，未上場ベンチャー企業（ユニコーン企業という）又は上場ベンチャー企業を2023年までに20社創出」との目標達成を目指すとともに，ロールモデルの創出により起業家マインドを社会全体で醸成し，日本のスタートアップ・エコシステムのさらなる強化を目指すものである（なお2018年12月現在，ユニコーン企業は米国には120社程度あるのに対し，日本は1社のみとなっている）。

　以上のように，日本のスタートアップをめぐる環境が良くなってきている。
また特にソーシャルインパクトが大きく，共感を呼び人々に支持される楽しみ
な企業が近時出てきている。以下の第2節で，そのような新ベンチャービジネ
スの事例をあげる。

## ❷　日本の新ベンチャービジネスの事例とソーシャルインパクト（社会に共感を呼び影響を与えること）

　ここでは，2社の新ベンチャービジネスの事例を取り上げ，共感のビジネス
コンセプトは何か，そしてそのソーシャルインパクト即ち何が社会に共感を呼
び影響を与えているかを見ていく。

図表5－1　本講で取り上げる2事例

|  | 会社名 | 代表者 | 事業内容 | ソーシャル インパクト |
|---|---|---|---|---|
| 事例1 | CYBERDYNE 株式 会社（サイバーダイ ン株式会社） | 山海 嘉之氏 | 人の身体機能を改 善・補助・拡張・再 生するサイボーグ型 ロボット HAL®の 開発・製造・販売 | 医療・介護・高 齢化問題への対 応 |
| 事例2 | WHILL株式会社 | 杉江 理氏 | パーソナルモビリ ティの生産・販売 （電動車椅子） | 障がい者・高齢 者の移動問題へ の対応 |

（出所）　筆者作成。

### (1)　事例1　CYBERDYNE株式会社（サイバーダイン株式会社，以下，サイバーダインという）[4]

① 概　　要

　サイバーダインは，人の身体機能を改善・補助・拡張・再生するサイボーグ
型ロボット HAL® を開発・製造・販売する筑波大学発のベンチャー企業である。
2004年6月に設立され，社会が直面する様々な課題を解決することを目指し，
医療，福祉，生活（職場環境を含む）分野での事業推進を行い，サイボーグ型ロ

ボット HAL®（製品として展開されているロボットスーツHAL®）は，医療・福祉の分野のみならず，介護や重作業分野等にも幅広く展開されている。2014年3月に東証マザーズに上場し，資本金は267億4,400万円（2018年9月30日現在）であり，日本の大学発のベンチャー企業の中で成功した企業のひとつといわれる。J-Startup企業に選出されている。

　②　沿　　革
　　・2004年6月 － 会社設立
　　・2007年6月 － 筑波大学などとともに，HAL®の開発で経済産業大臣賞受賞
　　・2008年7月 － 大和ハウス工業とHAL®の販売につき代理店契約締結
　　・2009年1月 － HAL®福祉用の初期モデルを製造販売開始
　　・2013年7月 － 富士重工業よりクリーンロボット事業を譲受
　　・2014年3月 － 東京証券取引所マザーズ上場
　　・2017年　　 － 第3回日本ベンチャー大賞（内閣総理大臣賞）受賞
　③　HAL®について及びサイバーダインの現状[5]

　HAL®は，人が身体を動かそうとする時に脳から神経を通じて筋肉に伝達される神経系電位信号を利用している。皮ふの表面に漏れ出てくるこの微弱な信号を生体電位信号として読み取り，装着者の意思に従った動きを実現することにより，脳・神経・筋系の機能改善・再生を促進できるというものである。

　このHAL®は，世界初のロボット治療機器であり，HAL®の画期的な点は，身につけることで微弱な生体電位信号を用いて人の意思情報を認識し，装着者の意思に従って動作するロボットを初めて実現したことにある。

　サイバーダインではこの医療用HAL®を開発・製造・販売しており，医療用HAL®による治療は，2018年現在日本国内では8つの神経・筋難病に対して薬事承認されている。

　HAL®には他にも，HAL®腰タイプ介護支援用・HAL®腰タイプ作業支援用・HAL®腰タイプ自立支援用等があり，介護・作業支援など様々な分野で使われるようになってきている。

　また海外展開もしており，2018年現在，ドイツ，米国，ポーランド，サウジアラビアでの展開が行われている。

図表 5 － 2　　HAL®腰タイプ自立支援用

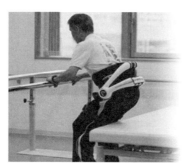

　（出所）　サイバーダインHP https://www.cyberdyne.jp/ （2019.1.4閲覧）。

　現状の事業状況は，売上収益は順調に伸びており，2014年 3 月期の 4 億5,600万円から，2018年 3 月期は17億2,800万円となっている。

　またHAL®の稼働台数も順調に伸びており，HAL®医療用下肢タイプは，2014年 3 月期の78台から2018年 3 月期は257台となっており，HAL®腰タイプは2015年 3 月期の89台から2018年 3 月期は1,219台となっている。

④　共　　　感

　ここで新ベンチャービジネスの要件である「共感のビジネスコンセプトを持つこと」とソーシャルインパクト（社会に共感を呼び影響を与えること）について見る。

・共感のビジネスコンセプトを持つこと

　この企業は，サイボーグ型ロボットHAL®を用いて医療や介護・高齢化問題への対応を図ろうとしており，これは社会課題の解決を図るものであり，そのビジネスコンセプトは，人々の共感を得られるものである。

・ソーシャルインパクト（何が社会に共感を呼び影響を与えているか）

　サイバーダインの製品HAL®は世界初の医療用ロボットであり，HAL®

医療用は，装着者の意思に従った動きを実現することにより，脳・神経・筋肉系の疾患患者の方の機能改善治療を行うものである。

　介護問題や高齢化社会に対応するため，HAL®腰タイプ介護支援用・HAL®腰タイプ作業支援用・HAL®腰タイプ自立支援用等もある。

　サイバーダインは，高齢化社会での医療問題・介護問題等に対応し，社会課題の解決を図っており，これらから社会に共感を呼び影響を与えていると言える。即ち，ソーシャルインパクトがある。

以上が事例1のCYBERDYNE株式会社（サイバーダイン株式会社）である。共感のビジネスコンセプトを持ち，社会に共感を呼び影響を与えるソーシャルインパクトのある企業であると言える。

(2)　**事例2　WHILL株式会社**（英語名　WHILL, Inc. 以下，WHILLという）[6]

① 概　　要

「すべての人の移動を楽しくスマートにする」をミッションとして，パーソナルモビリティの生産・販売を行っている2012年5月に設立された企業である。高齢化社会で電動車椅子を必要とする人が増加すると思われるが，車椅子ユーザーの持つ物理的なハードルと心理的なバリアを取り払い，外見を気にせず外出でき，健常者も乗りたくなるようなモビリティの開発を行っている。

「100m先のコンビニに行くのをあきらめる」という一人の車椅子ユーザーの声から，WHILLの挑戦が始まっている。車椅子に乗っていることで，自分がどういう人間かに関わらず，「障害があり，助けが必要な人」という視線で見られてしまうこと，それが外出を阻むとそのユーザーは語った。車椅子ユーザーが直面する悪路，段差など物理的なハードルと，車椅子に乗っている人として周囲から見られる心理的なバリアが問題だが，デザインとテクノロジーの力があればそれが超えられると考えた創業メンバーは，誰もが乗りたくなる，革新的な一人乗りの乗り物（パーソナルモビリティ）を自分たちで作ろうと起業

した。

　2014年にWHILL Model Aを，2017年には客のニーズに応えた普及価格帯モデルのWHILL Model Cを発売し，現在，日本，北米，欧州で事業を展開している。世界的なデザイン賞であるRed Dot Design Awardやグッドデザイン賞を受賞している。J-Startup企業に選出されている。

②　WHILLの歩みのポイントと現状（創業とModel A・Model Cの製造・販売及び現状）

・2012年5月－WHILL株式会社設立

　杉江　理氏を含む創業者3人がお金を出し合い設立。町田の小さなアパートを拠点としてのスタートだった。

・2013年4月米国シリコンバレーに拠点を設立

　資金調達に駆け回る日々で，度重なる試作で資金は少なくなる一方だった。その中で，米国の500 Startupsというベンチャーキャピタルが将来性等を見込んで最初の出資をしてくれ，しばらくして日本の伊藤忠テクノロジーベンチャーズも出資を決定。その後，日米のベンチャーキャピタルや個人投資家からの出資も合わせ，2013年から2014年にかけて，総額175万米ドル（約2億円）の調達に成功した。これにより，WHILL Model Aの開発，販売活動にめどがついた。

図表5－3　WHILL Model A

（出所）　WHILL HP https://whill.jp/（2019.1.4閲覧）。

・2014年9月　最初の製品，WHILL Model Aを世に送り出す。

　作成した50台には予約が殺到し発売と同時に完売した。量産体制を整える必要があり，世界有数の電動車椅子の生産地である台湾での製造の検討を始めた。しかし多くの会社はなかなか取り合ってくれず，製造を決めてくれたのが，Jochu Technologyという，板金などを製造していた会社だった。WHILLの目指すビジョンに共感したことに加え，今後のヘルスケア業界の成長への期待や，社長の娘さんが車椅子ユーザーであったことが決め手となった。つまり共感のビジネスコンセプトがあったことが大事であった。

　Model Aは，供給体制が徐々に整い始め，販売実績だけではなく，高いデザイン性と新規性が評価され，2015年のグッドデザイン大賞も受賞。一方，米国では，米国向けモデルWHILL Model Mが米国食品医薬品局（Food and Drug Administration，FDA）の認可を取得し，医療機器としての販売が始まった。

図表5－4　WHILL Model C

（出所）　WHILL HP https://whill.jp/（2019.1.4閲覧）。

・2017年4月－普及価格帯モデルWHILL Model C発表

　Model Aを購入したお客様からの改善の要望を受けて，開発したのが普及価格帯モデルのWHILL Model Cだった。客のニーズに応えた商品で，Model Aのデザインと走行性をそのままに，価格をModel Aの半額以下の45万円まで引き下げ，工具不要の分解機能で車のトランクにも積めるようにし重量も約半分になった。さらに，国内の電動車椅子としては初めて通信機

能を持たせ，機体の状態の遠隔確認やロードサービス，保険を組み合わせたサポートサービスもお客様に提供できるようになった。

　また他企業からの協力も多く来るようになった。Model Aの発売後，WHILLの理念に共感した歴史のある大企業から，共同開発や部品提供の提案をもらえるようになり，モーターは日本電産株式会社と，リチウムイオン電池はパナソニック株式会社と共同で開発。また，日本精工株式会社は軸受（ベアリング）の提供のほか，WHILLへの投資もしてくれた。

　またModel Cの発表後は，取り扱い代理店も全国に広がった。

・2018年〜いつか「WHILLがインフラになる」世界に

　WHILLはModel AとModel Cという商品を世の中に送り出してきたが，二つの製品の完成だけでは，「すべての人の移動を楽しくスマートにする」というビジョンの達成はできないと考えている。今後，高齢化と長寿命化に伴い，長い距離を歩くことが困難な人は飛躍的に増えることが予想される。そんな人々が自分らしくスマートに移動できるサービス・システムができ，それをインフラのように当たり前に使うことができれば，もっと多くの人の移動が楽しくスマートになるのではないかとWHILLは考えている。

　例えば空港や駅や観光地などの広い場所で，歩行者をWHILLが迎えに来てくれ，乗り終わったら自動で元いた場所に戻ってくれるという，少し先の未来の移動の姿をWHILLは描いている。WHILLをインフラとして走らせる，その事業をWHILLはMaaS[7]事業と呼び，パーソナルモビリティを開発・製造するパーソナルモビリティ事業と並ぶ事業の柱として位置付けている。WHILLがインフラになる世界が，WHILLのミッションである「すべての人の移動を楽しくスマートにする」ということだとWHILLは考えている。

　このことに関連し，2019年1月にWHILLは歩道領域のための自動運転システムを米国ネバダ州で開催されたCES 2019[8]で発表した。WHILL自動運転システムは，WHILLが独自に開発した自動運転・自動停止機能などを備えたWHILL自動運転モデル及び複数の機体を管理・運用するシステムから成るもので，長距離の歩行を困難と感じる高齢者・障がい者の移動シーンを

スマートにする，これまでのMaaSになかった，歩道領域における自動運転システムである。このWHILL自動運転システムは，CES 2019において，Accessibilityカテゴリーで最優秀賞を受賞した[9]。

③　共　　感

ここで新ベンチャービジネスの要件である「共感のビジネスコンセプトを持つこと」とソーシャルインパクト（社会に共感を呼び影響を与えること）について見る。

・共感のビジネスコンセプトを持つこと

WHILLは車椅子ユーザーの困りごとを解決するため，身体の状態や障害の有無に関わらず，誰でも乗りたいと思えるパーソナルモビリティをめざし，Model AやModel Cを開発した。

これは障がい者や高齢者の移動問題に対応しており，高齢化社会で社会課題の解決につながるものであり，そのビジネスコンセプトは人々の共感を得られるものである。

・ソーシャルインパクト（何が社会に共感を呼び影響を与えているか）

WHILLは，車椅子ユーザーの困りごとを解決するのみでなく，今後，高齢化と長寿命化に伴い，長い距離を歩くことが困難な人が飛躍的に増えることが予想される中，その人々が自分らしくスマートに移動できるWHILLを使ったサービス・システムができ，それをインフラのように当たり前に使うことができるようにしていきたいと考えている。このWHILLをインフラとして走らせる事業を，WHILLはMaaS事業と呼び，パーソナルモビリティを開発・製造する事業（パーソナルモビリティ事業）と並ぶ柱に位置付けている。

このことは障がい者・高齢者の移動問題への対応，高齢化社会の社会課題の解決の一助となるものであり，社会に共感を呼び影響を与えていると言える。即ち，ソーシャルインパクトがある。

なおWHILLは日本経済新聞社がまとめた「NEXTユニコーン調査」で企業価値（推計）が100億円を超えた47社の企業に入っている（推計企業価値は176億円で，調査対象となった153社のうち推計企業価値が判明した128社のうちの27

位)[10]。

　以上が事例2のWHILL株式会社である。共感のビジネスコンセプトを持ち，社会に共感を呼び影響を与えるソーシャルインパクトのある企業であると言える。

### (3)　ま　と　め

　以上見てきた新ベンチャービジネスの2事例とも，共感のビジネスコンセプトを持ち，社会に共感を呼び影響を与えるソーシャルインパクトのある企業であり，世の中に共感を与え社会を変えていく可能性を秘めた，または実際に社会を変えていっているものである。日本でも，このような社会を良くする楽しみな新ベンチャービジネスが出てきている。

　今後は日本でもJ-Startup事業が始まったように，米国のシリコンバレーのような，新ベンチャービジネスへのバックアップシステム・環境を整えたところが国内に多く出てきて，内容も充実していくことが望まれる。それにより多くのソーシャルインパクトのある新ベンチャービジネスが出てくるようになると，日本経済の活性化や社会課題の解決に貢献していくことになると考える。その意味でも，今後の新ベンチャービジネスの動きに注目していく必要がある。

### 【脚　注】

1)　坂本恒夫「起業における経営学―新ベンチャービジネスとは何か―」明治大学リバティアカデミー「起業家入門講座」講義資料（2018年11月29日講義）より。
2)　村山恵一（2017）『STARTUP（スタートアップ）起業家のリアル』日本経済新聞出版社 pp.33-34。
　　「シリコンバレーと日本の架け橋プロジェクト」とは，「人材」・「企業」・「機会」の観点からシリコンバレーの資源を活かすプログラムを実施し，シリコンバレーと日本の起業家・企業をつなぐことで，グローバルに通用するイノベーションを持続的に創造する仕組みを形成することを目的としたものである。経済産業省HPより https://www.meti.go.jp/（2018.11.23閲覧）。
3)　J-Startupについては，経済産業省 J-Startup HPより。
　　https://www.j-startup.go.jp/（2019.1.4閲覧）。

4)　CYBERDYNE株式会社については，主に会社HPを参考にした。https://www.
　　cyberdyne.jp/（2019.1.4閲覧）。
5)　会社HP及び野村證券投資情報部（2017）『未来技術に投資しよう』日本経済新聞
　　出版社　pp.35-36, pp.164-165より。
6)　WHILL株式会社については，主に会社HPを参考にした。
　　https://whill.jp/（2019.1.4及び2019.8.26閲覧）。
7)　MaaS:Mobility as a Service, 次世代の交通といわれ，自動運転やAI，オープン
　　データ等を掛け合わせ，従来型の交通・移動手段にシェアリングサービスも統合し
　　て次世代の交通を生み出す動きのこと。総務省HP http://www.soumu.go.jp/
　　（2019.1.21閲覧）「情報通信統計データベース」より。
8)　CESとはConsumer Electronics Showの略で米国ネバダ州で開催される世界最大
　　級の家電・エレクトロニクス技術展示会である。
9)　WHILL自動運転システムについてはWHILLのプレスリリース（2019.1.7）より。
10)　日本経済新聞「未上場スタートアップ 企業価値100億円超 ２倍に」「デジタル革命
　　常識崩す NEXTユニコーン」2018年12月17日。

**（参考文献）**
（和書）
鯨井基司・坂本恒夫編　中小企業・ベンチャービジネスコンソーシアム（2008）『ベン
　　チャービジネスハンドブック』税務経理協会。
坂本恒夫「起業における経営学—新ベンチャービジネスとは何か—」明治大学リバティ
　　アカデミー「起業家入門講座」講義資料（2018年11月29日講義）。
野村證券投資情報部（2017）『未来技術に投資しよう』日本経済新聞出版社。
長谷川博和（2018）『〈はじめての経営学〉　ベンチャー経営論』東洋経済新報社。
村山恵一（2017）『STARTUP（スタートアップ）起業家のリアル』日本経済新聞出版社。
（URL）
WHILL株式会社　HP https://whill.jp/。
経済産業省　HP https://www.meti.go.jp/。
経済産業省　J-Startup HP https://www.j-startup.go.jp/。
CYBERDYNE株式会社（サイバーダイン株式会社）HP https://www.cyberdyne.jp/。
総務省　HP http://www.soumu.go.jp/。
（新聞）
日本経済新聞「未上場スタートアップ 企業価値100億円超 ２倍に」「デジタル革命 常識
　　崩す NEXTユニコーン」2018年12月17日。

（菅井　徹郎）

# 第6講　イノベーション

## 1　はじめに

　グローバル化が進むにつれて，企業を取り巻く環境は急速に変化している。それに対応するために，新規性が高い製品・サービスを提供することの重要性が高まっている。いわゆる，これまでとは次元の違う価値を消費者に提供するために，「イノベーション」が必要になる。そして，自社だけに頼らず，外部から経営資源を取り入れながらイノベーションを創出する「オープン・イノベーション」の重要性が高まっている。

　本講では，まず，イノベーションの定義を説明し，イノベーションの種類について整理する。そして，イノベーションの特徴を分析するには，アーキテクチャの視点を導入する。さらに，今日においてイノベーションを実現するために，組織の枠を超えた取り組みが必要であるため，オープン・イノベーションの重要性について述べる。最後に，事例としてゲーム用周辺機器メーカーのレイザー社を取り上げる。

## 2　イノベーションの定義と種類

　イノベーションは，経済学者のシュンペーターによって初めて定義された概念であり，新しいものを生み出す活動のことを意味する[1]。イノベーションは以下の5つのことによって実行される。それは，新しい財貨，または新しい品質の財貨を生産すること，新しい生産方式を導入すること，新しい販路を開拓すること，は新しい供給源を獲得すること，新しい組織を構築することである。

　さらに，ここでのノベーションは，単に消費者のニーズに応えるのではなく，生産側が自発的に行われることである[2]。それらを実現するには，企業の内部保留だけに頼ることができないため，外部から資金の供給が必要となる。そう

した資金の供給者は「銀行家」である。今日では，それらはいわゆる果敢に革新的な事業を展開する企業と，それを資金面で支える投資家のことを指して，「ベンチャービジネス」と「ベンチャーキャピタル」というものである。本講では，経営学においてベンチャー企業がイノベーションの創出の主体として捉えるため，イノベーションを「経営資源を投入し，革新的な製品・サービスを消費者に提供すること」と定義する[3]。

　イノベーションには，いろいろな分類方法があるが，一般的に技術的な連続性の視点から，従来の製品や技術を改良し，持続的である「インクリメンタル・イノベーション（Incremental Innovation）」と，従来の製品や技術と全く異なる非持続的な「ラディカル・イノベーション（Radical Innovation）」の2つに分けた。例えば，ガソリンエンジンの自動車の燃費を向上させるというインクリメンタル・イノベーションであるのに対して，水素や電気をエネルギーとする自動車に関するものはラディカル・イノベーションである。

　なぜベンチャー企業に対してイノベーションの創出を期待するのか。その理由は，同じ創業期間が短く，企業規模が小さい企業であっても，ベンチャー企業は中小企業に比べて，短期的な収益性より成長性を重視し，イノベーションに関して積極的に取り込むことができるからである。

図表 6-1　中小企業とベンチャーの比較

| | 中小企業 | ベンチャー企業 |
|---|---|---|
| ● 　共通点：① 企業の規模が小さい，② 創業者が経営権を握る。 | | |
| ● 　相違点： | | |
| ① 　事業領域 | 既存 | 新規 |
| ② 　主な資金源 | オーナー，銀行からの借入金 | オーナー，ベンチャーキャピタルによる出資 |
| ③ 　経営目標の優先順位 | 短期的な収益性＞成長性 | 短期的な収益性＜成長性 |
| ④ 　イノベーションの種類 | 持続的 | 持続的と非持続的 |

（出所）　筆者作成。

　イノベーションを起こすためには，先行投資が必要である。財務的な分析により，不確実性とコストが高いと判断された場合，イノベーションにかかわる活動の実行は困難となる。それにもかかわらず，持続的成長を遂げることができるのは，ベンチャーキャピタルによる成長資金の供給と経営支援があるからである。したがって，ベンチャー企業が財務的な評価だけではなく，事業の成長性を見込めてイノベーションのための先行投資を行うことができるのである。

　多くのベンチャー企業は新規性が高いビジネスを開拓するにあたって，巨額な資金を投じて，創業して何年間も赤字状態が続いている。例えば，電子商取引（EC）大手のアマゾン社（Amazon.com, Inc.：アマゾン・ドット・コム）は，創業して7年間を経て，ようやく黒字に転じた。赤字の理由は，自社で物流センターの建設などの投資を行ったからである。こうして，自社の物流センターを持っているからこそ，アマゾンは消費者に高度なサービスを提供することができるのである。イノベーションもインターネットと物流との結合によって生み出された。

　また，イノベーションについて新規性だけではなく，製品に関わる技術的な特徴を見るために，製品全体に関わる技術と部分（部品）に関わる技術という2つの軸でイノベーションを分類することがある（図表6-2を参照）。すなわち，製品のイノベーションを，部品間の繋ぎ方を決めるという製品設計に関する技術と，部品レベルで用いられる技術に分けることができる。例えば，エアコンを構成するには，室外機，モーター，コンプレッサーなどの部品がある。それらをどのように組み合わせるかによって，エアコンの性能が異なるのである。また，コンプレッサーだけに技術的な改良を加えて，エアコンの性能を向上させることがある。

　第1に，インクリメンタル・イノベーション（Incremental Innovation）とは，製品システムと部品に関わる既存の技術を元に，小さな改良を行うことを指す。

　第2に，モジュラー・イノベーション（Modular Innovation）とは，製品システムには，大きな技術的な変化がないが，部品には既存の技術を破壊するほどの変化が行われることを指す。例えば，パソコン産業では，部品間の繋ぎ方は，

変わらないが，部品に関して大きな技術的な変化があった。記憶措置としての SSD（ソリッドステートドライブ）が普及している。従来のHDD（ハードディスクドライブ）に比べると，読み込み速度が速くなり，結果的にパソコンの性能を向上させた。

　第3に，アーキテクチュラル・イノベーション（Architectural Innovation）とは，部品レベルで技術的な変化がないが，部品間の繋ぎ方を規定する技術が大きく変わることを指す。例えば，パソコン産業では，Apple社が，高い市場シェアを占めるウインドウズパソコンに対して，斬新なデザインのパソコン（Power Macintosh G 3）を市場に売り出した。

　第4に，ラディカル・イノベーション（Radical Innovation）[4]とは，部品と部品間のつなぎ方に大きな技術的な変化が行われることを指す。例えば，ブラウン管のテレビから液晶テレビに変わることはラディカル・イノベーションが起こったということである。ブラウン管のテレビには，ブラウン管という真空管の後方の電子銃から打ち出された電子が，偏向ヨークによって曲げられ，画面にあたり映像を映し出す。他方，液晶テレビには，バックライト，液晶，カラーフィルターという部品がある。液晶から透過する光を用いてカラーフィルターを光らせ，映像として映し出す。

図表6-2　イノベーション類型の分析枠組み

構成部品の基幹技術

|  |  | 強化される | 転換される |
|---|---|---|---|
| 製品の基本設計 | 変化しない | インクリメンタル イノベーション | モジュラー イノベーション |
|  | 変化する | アーキテクチュラル イノベーション | ラディカル イノベーション |

（出所）　Henderson and Clark（1990）より引用。

イノベーションを分類することで，企業あるいは産業における技術的な特徴や変化を分析することができる。

　また，イノベーションは資源の活用によって創造されるものであるため，経営課題を解決するには，自社内だけではなく，外部の資源を取り入れることもできる。自社内の経営資源や研究開発に依存する体制のことは「クローズド・イノベーション」と呼ばれ，組織外部から技術やアイデアなどの経営資源を活用することは，「オープン・イノベーション」と呼ばれる。従来，日本において製造業を中心に各社は「クローズド・イノベーション」を通じて競争力を構築してきた。ところが，グローバル化が進展することで，デジタル化，製品の高度化，新興国企業の新規参入などの外部要因は市場競争の激化をもたらした。日本企業はこうした変化に対応するためには，「オープン・イノベーション」の重要性を再認識し，それによって多様なアプローチでイノベーションを創造すべきであると言われる。特に，企業の規模が大きければ大きいほど，社内またはグループ内に止まる傾向がある。図表6－3に示すように，規模が大きい

図表6－3　イノベーションのための協力相手

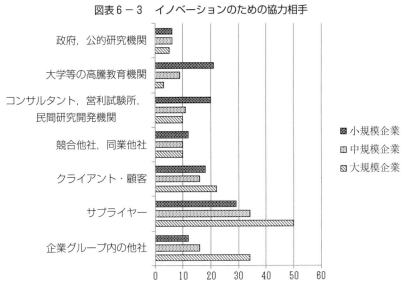

（出所）　文部科学省の科学技術政策研究所「第4回全国イノベーション調査統計報告」より引用。

企業は，グループ内の他社に目を向けるのに対して，小中規模の企業は，コンサルタント，営利試験所，民間研究開発機関，大学等の高等教育機関などの組織外部に協力を求める傾向が高い。

　オープン・イノベーションを通して，企業は資源の獲得のルートを増やすことではなく，市場へのアクセスの機会を増やすことができる。それより重要なのは，オープン・イノベーションを通して，企業が一方的に新たな製品・サービスを作り出すのではなく，消費者に認められるような価値を提供することができることである。

　次に，クローズド・イノベーションの限界とオープン・イノベーションの意義と必要性について述べる。

## ③　オープン・イノベーションの必要性

### (1)　クローズド・イノベーションによるイノベーションのジレンマの顕在化

　オープン・イノベーションの重要性が高まる理由としては，グローバル市場での競争激化と消費者ニーズの多様化が挙げられる。「クローズド」のイノベーションは，新たな市場を形成する際には，消費者のニーズに応じて革新的な製品を提供することができる。ところが，市場が成熟するにつれて，これまで業界をリードする企業は，消費者が性能以外の需要に応じず，技術的な優劣に基づいてイノベーション（存続的イノベーション，Sustaining Innovation）を追求していく。その結果，消費者が要求する性能を超えてしまう企業の製品は淘汰されて，技術的な進歩（破滅的イノベーション，Disruptive Innovation）[5] を通じて消費者の要求に適する企業の製品は市場を支配する。これは，図表6-4に示すように，企業はイノベーションのジレンマに陥ったことである。

図表6－4　存続的イノベーションと破滅的イノベーションの影響

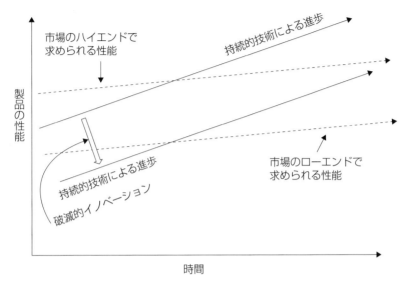

（出所）　クリステンセン（2001）より引用。

## (2)　オープン・イノベーションの定義と意義

　オープン・イノベーションとは，組織内部のイノベーションを促進するために，意図的かつ積極的に内部と外部の技術やアイデアなどの資源の流出入を活用し，その結果組織内で創出したイノベーションを組織外に展開する市場機会を増やすことである[6]。

図表6−5　クローズド・イノベーションとオープン・イノベーション

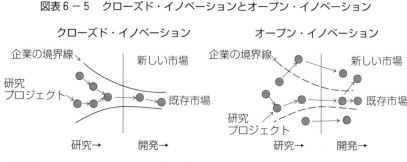

（出所）　Henry W. Chesbrough（2003）.

　それは，図表6−5に示すように研究開発，製造，販売などの経営活動を自社またはグループ内部で統合するモデルによって，生み出したクローズド・イノベーションと対比するものである。

　とりわけ市場の成熟期において，イノベーションが頻繁に生まれるという段階を経過し，産業全体を支配する製品概念が出現する。このような製品概念を「ドミナント・デザイン」（Dominant Design）と呼ぶ。そのため，多くの企業が製品の生産効率を向上するための工程イノベーションに関心を向ける。次第に，生産性は上昇する一方，製品に関するイノベーションが減っていくことになる。この現象は，「生産性のジレンマ」（Productivity Dilemma）と呼ぶ[7]。

　ジレンマから脱却するために，いかに消費者のニーズを把握して，適切に経営資源を投入するか，という課題を解決しないといけない。オープン・イノベーションへ転換することで外部資源を活用し，研究開発におけるコストと時間を短縮することができるだけでなく，内部資源を効率的・効果的に活用することができる。

　オープン・イノベーションへの関心が高まるとともに，その創出手法も多様化になっている。その中で，製品や組織を細分化し，構成要素と構成要素間の対応関係というアーキテクチャの視点からイノベーションを創造する手法は，革新的な製品・サービスを市場に売り出すことを目指す，創業間もないベンチャービジネスに適すると考えられる。それは図表6−2にあるアーキテク

チュラル・イノベーションのことである。ここで，イノベーションに関する議論において，アーキテクチャの視点の意義は，製品全体の付加価値の総和をもっぱら論じるだけではなく，個々の構成要素またはそれらの繋ぎ方によって製品の差別化が可能となり，イノベーションを生み出すことである[8]。

「オープン化」の浸透は，競争を激化させる一方，企業にとって戦略の選択が多様化となり，ビジネスチャンスが増えてくると考えることもできる。特に，大企業に比べて，規模が小さく，資本コストを意識した経営を行うベンチャー企業は，集中的に設計の一部に経営資源を投入することで製品の差別化を図り，イノベーションを起こすのは合理的な選択である。シリコンバレー発のIT企業の多くは，自社の工場を持たずに，外部の企業に生産を委託する，いわゆる，ファブレス企業である。ファブレス企業は生産に必要となる資金を開発，企画，販売などに投入することで，比較的に短時間でイノベーションの創造を実現する。

## 4　事　例

近年，インターネットの発達によって，ゲーム産業では大きな構造変化が行われている。これまで，ソニー，任天堂やマイクロソフトは据え置き型のゲーム機を開発し，市場を牽引してきた。ところが，インターネットを経由して，家庭と国境を越えて，複数のプレーヤーが同時に対戦することができるオンラインゲームは急成長している。これは，e スポーツ（Electronic Sports，エレクトロニック・スポーツ）と呼ばれ，毎年世界各国で大会が開催され，インターネットのみならず，テレビ中継されたりすることがある。市場の主役は遂にハードウェアを開発する企業からゲームのソフトウェアを開発する企業に変わった。こうして，ハードウェアの影響力が低下していると思われる中で，高性能のマウスを開発し，新規市場でシェアを拡大しているベンチャー企業がある。それは1998年に創業したゲーミングデバイスメーカーのレイザー（Razer）社である。

レイザーというのは，ゲーミングデバイスメーカーのkärna LLCが1998年

に設立したブランド名である。その後，経営上の困難に陥った。2005年に，シンガポール出身の起業者のMin-Liang Tanと米国出身のRobert Krakoffによって買収され，社名もRazer（レイザー）に変えた。そして，2017年に，香港証券取引所で新規株式公開を果たした。現在の業務内容は，eスポーツ関連の高性能ゲーム用周辺機器とソフトウェアの開発とサービスの提供である。2018年度の売上高は，前年度に比べて37.6％増えて約7.1億米ドルとなった。

　元々，レイザー社がゲーム専用機マウスのメーカーとして創業された。1999年，「Razer Boomslang」というマウスを米国でヒットとなり，レイザーというブランドが知られるようになった。その理由は，従来のマウスよりはるかに高い性能を実現し，消費者の「快適にゲームを楽しむ」という需要を喚起したのである。さらに，現在では，画像センサー業界リーダーであるPixart Imaging社と提携し，マウスのパフォーマンスの向上に向けて取り組んでいる[9]。

　レイザー社は，マウスという既存製品において部品レベルの技術を変えて，アーキテクチュラル・イノベーションを生み出した。さらに，組織の枠組みを超えたオープン・イノベーションを実行し，持続的な成長を実現している。

## ⑤ ま と め

　本講では，イノベーションについてその概念と種類について説明した。図表6－6で異なる視点で分類したイノベーションをまとめた。

　ベンチャー企業が大企業よりイノベーションを起こしやすいと言われている。それは，前述にあるように，ベンチャー企業が新規市場の形成のために作られて，果敢に事業を展開するものからである。たとえ，不確実性と財務的なコストがあったとしても，ベンチャー企業がイノベーションを駆動することができるのである。

図表 6 － 6　イノベーションの分類のまとめ

| 分類基準 | | |
|---|---|---|
| 1.　技術における連続性の有無①と方向性 | インクリメンタル・イノベーション | ラディカル・イノベーション |
| 2.　「全体的と部分的」の変化 | インクリメンタル・イノベーション | モジュラー・イノベーション |
| | アーキテクチュラル・イノベーション | ラディカル・イノベーション |
| 3.　企業の存続・非存続② | 破滅的イノベーション | 破滅的イノベーション |
| 4.　実行の範囲 | クローズド・イノベーション | オープン・イノベーション |

（出所）　①と②は佐野（2004. 2011）により引用，それ以外は筆者作成。

【脚　注】
1)　シュンペーター（1926）は最初に経済学においてイノベーションの概念を提起した。
2)　シュンペーター（1926）181頁では，「（前略）経済における革新は，新しい欲望がまず消費者の間に自発に現れ，その圧力によって生産機構の方向が変えられるというふうに行われるのではなく，（中略）むしろ新しい欲望が生産者のかわから消費者に教え込まれ，したがってイニシアティブは生産の側にあるというふうに行われるのが常である」と述べる。
3)　シュンペーター（1926）が提起したイノベーションは，従来の製品・サービスと全く異なることを表すものであり，非連続的なことを強調する。本講では経営学という観点で，企業が製品・サービスの供給を通して自社の競争力を向上させるために，どのような取り組みを行うべきかについて分析することを目的とする。そのため，製品・サービス自体の変化の方向についてより包括的に捉えて，イノベーションを「連続的と非連続的」という 2 種類に分けた。
4)　シュンペーター（1926）によるイノベーションの定義は，ラディカル・イノベーションに近いのである。
5)　多くの文献では，Sustaining Innovation と Disruptive Innovation を持続的イノベーションと破壊的イノベーションと訳したが，本講では佐野（2004, 2011）に従って，それらを存続的イノベーションと破滅的イノベーションという訳語として採用する。
6)　Henry W. Chesbrough（2003）
7)　Abernathy（1978）
8)　佐伯（2008）
9)　レイザー社のマウスについて以下のリングにアクセスし，参照してください

https://www 2.razer.com/jp-jp/campaigns/razer-5g-advanced-optical-sensor

**（参考文献）**

クレイトン・M・クリステンセン（2001）"The Innovator's Dilemma"『イノベーション
　　のジレンマ　増補改訂版』玉田俊平太監修，伊豆原弓訳，翔泳社。

佐伯靖雄（2008）「イノベーション研究における製品アーキテクチャ論の系譜と課題」，
　　『立命館経営学』第47巻第 1 号，2008年 5 月。

佐野正博（2004, 2011）「イノベーションに関するクリステンセンの見解」
　https://www.sanosemi.com/biztech/document/Christensen-theory-of-Innovation.pdf
　　2019年 8 月 1 日アクセス。

J・A・シュンペーター（1926）"Theorie der Wirtschaftlichen Entwicklung"『シュン
　　ペーター　経済発展の理論』塩野谷祐一／中山伊知郎／東畑精一訳，（2019）岩波
　　文庫（上・下）。

Abernathy, W.J. (1978). The productivity dilemma. Baltimore : Johns Hopkins
　University Press.

Henderson, R. and Clark, K. (1990) Architectural Innovation : The Reconfiguration of
　Existing Product Technologies and the Failure of Established Firms.
　Administrative Science Quarterly, 35, 9 – 30.

Henry William Chesbrough（2003）"Open Innovation : The New Imperative for
　Creating and Profiting from Technology" Harvard Business Review Press.

レイザー社「2018年度アニュアルレポート」。

レイザー社の「5G-Advanced-Optical-Sensor」
　https://www 2.razer.com/jp-jp/campaigns/razer-5g-advanced-optical-sensor 2019年 8
　　月 1 日アクセス。

（趙　トウキ）

# 第7講　ベンチャービジネス教育
## （起業家教育の最近の傾向）

## ① はじめに　～起業家教育への社会的要請～

　1990年代以降，情報技術の急速な発展とともに効率的な国際分業が可能となり，オープン・イノベーション（OI）によるスピーディな製品・サービスの開発が企業の競争力を左右するようになった。OIにはあまり積極的ではなかった国内企業群においても，近年，その重要性は認知されつつあり，専門部署を有する企業も増加している（NEDO, 2018）。ただし，海外では「新製品の50％以上においてOIを活用する」というような高い目標を掲げている企業も存在し，本格的なキャッチアップはこれからである。さて，OIに関し，国内と海外との間でその差異が目立つポイントの一つは「OIのパートナー」である（図表7-1）。

　図表7-1　オープン・イノベーションのパートナー〔問題・課題解決フェイズ〕

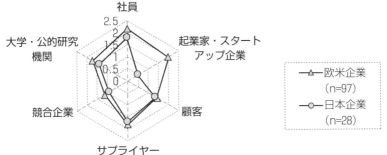

　（注）　図中の数値は，外部との知識やノウハウのやり取りに費やした時間比率をカテゴリ化したもの。
　　　　（「0」は0％，「1」は1％~25％未満，「2」は25％~50％未満，等）
（出所）　（米山他, 2017）にもとづき筆者作成。

　日本では大企業と「起業家・スタートアップ」との連携はまだ不足しており，その強化が国際競争力向上のための重要なキーの一つであろうと推察される。そのためには，前提条件として（ⅰ）「OIのパートナーにふさわしい優秀なベンチャー企業群が，継続的に誕生するような社会的状況」，ならびに，（ⅱ）「ベンチャーとの連携を促進する大企業側の体制づくり」が重要となろう。人材の観点からは，「起業家」や「イノベーションに寄与する人材」を継続的に増やしていくことが重要であり，「起業家教育」の重要性が増してきている。本講では，最近の国内大学での取り組みを俯瞰し，課題や改善点について整理する。

## ❷　近年の国内大学における起業家教育

　本節では，国内の実践的な起業家教育プログラムの発展の契機の一つとして，2014年度から2017年度にかけ，文部科学省によって実施された「グローバルアントレプレナー育成促成事業」（文部科学省，2014a）を簡単に紹介したい。通称，「EDGEプログラム」と呼ばれる本支援プログラムの目的は『大学での研究開発成果を基にしたベンチャーの創業』，『既存企業による新事業の創出を促進する人材の育成』，ならびに，そのための『イノベーション・エコシステムの形成』にある。本支援事業に採択されるための要件として「個別課題の設定とその解決に向けた実践的取り組みを含むこと」と明記されており，アクティブ・ラーニングの促進がうたわれている。

### (1)　「デザイン思考」と「リーンスタートアップ」

　EDGEプログラムの説明資料においては，先進事例としてStanford大学d.schoolでの取り組みや米国NSFのI-Corpsが挙げられている（文部科学省，2014b）。前者には「デザイン思考」という人間志向のイノベーション創出手法，後者には「リーンスタートアップ」という実践的な起業手法がそれぞれ反映されている。

　d.schoolは「デザイン思考」の総本山のひとつである（Hasso Plattner Institute

of Design at Stanford, 2019)。図7－2に「デザイン思考」の典型的なフローを示す。5つのステージは，顧客との密なコミュニケーションにもとづく「共感」からスタートし，「問題定義」や「発想（アイデア出し）」のステージを経て，顧客による「テスト（プロトタイプの検証）」で締めくくられる。このステージは何度か繰り返され，「テスト」によって判明した不備や気づきは，次のループで改善されることになる。5つのステージの起点と終点に顧客接点が存在し，顧客の反応を最重要視するイノベーション創出プロセスとなっている。

図表7－2　デザイン思考の5ステージ

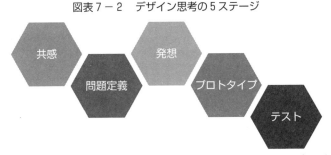

（出所）　東京工業大学エンジニアリングデザインプロジェクト他（2017）。

この「デザイン思考」は，かつて，国内メーカー等が陥りがちであった「顧客ニーズを軽視した技術力志向・高機能志向」へのアンチテーゼとしても認知され，一時は「イノベーションへの万能薬」という趣で捉えられていた。現在はその適用限界とともに，有効な活用法が冷静に議論されている（濱口，2016）。

また，後者のI-Corpsは，「リーン・スタートアップ」のエッセンスを取り入れ，科学技術の商業化を促進するための支援プログラムである（NSF，2019）。「リーン・スタートアップ」は，ビジネスアイデアをひとつの「仮説」として捉え，顧客の反応を通じてこれを検証する創業手法である（エリック・リース，2012）。具体的には，「Build」（プロトタイプの構築），「Measure」（顧客の反応の計測），「Learn」（計測からの学び）という3ステップをできるだけ高速で繰り返し，製品やサービスを改善していく。顧客から学びを得る点や，反復的にプロダクトの質を高めていくアプローチは，デザイン思考と共通している。

## ⑵　EDGEプログラムにおける起業家教育プログラムの実装状況

　EDGEプログラムに採択された13大学においては，前小節で紹介した「デザイン思考」や「リーンスタートアップ」の思想や手法を含む教育プログラムの実装が試みられ，その進捗は半年ごとに行われた全体会議で共有された。旧来の起業家教育プログラムと異なるのは，顧客との接点に重点が置かれるがゆえ，教室内の活動のみでは完結しない点である。課外の時間も含め，顧客がいる現場へ赴いてのインタビューや検証を行う必要が出てくるが，各大学それぞれ工夫を凝らした教育が試みられている。なお，EDGEプログラム終了後の総合評価においては，いずれの大学も「当初計画どおり」（A評価）もしくは「これを超える取り組み」（S評価）となった（図表7-3）。

図表7-3　EDGEプログラムの採択課題と事後評価

| 実施機関 | 課　　題 | 評価 | 実施機関 | 課　　題 | 評価 |
|---|---|---|---|---|---|
| 東京大学 | 東京大学グローバルイノベーション人材育成促進事業 | S | 広島大学 | ひろしまアントレプレナーシッププログラム | A |
| 東京農工大学 | 起業実践プログラムによるイノベーションリーダーの育成 | A | 九州大学 | 九州大学グローバルイノベーション人材育成エコシステム形成事業 | A |
| 東京工業大学 | チーム志向越境型アントレプレナー育成プログラム | A | 大阪府立大学 | 科学技術駆動型イノベーション創出プレイヤー養成プログラム | A |
| 滋賀医科大学 | 医・工・デザイン連携グローバルアントレプレナー育成プログラム | A | 慶應義塾大学 | グローバルイノベーション人材育成連携プログラム | A |
| 京都大学 | GTEP（グローバル・テクノロジー・アントレプレナーシップ・プログラム） | S | 早稲田大学 | WASEDA-EDGE人材育成プログラム～共創館イノベーション・エコシステムの構築～ | S |
| 大阪大学 | 「世界適塾」魁 World Tekijuku Groundbreakers | A | 立命館大学 | イノベーション・アーキテクト養成プログラム | A |
| 奈良先端科技術大 | 「モノのインターネット」分野でのグローバルアントレプレナー育成プログラム | A | | | |

（出所）　文部科学省（2018）にもとづき筆者作成。

　このうち，S評価を得ているのは東京大学，京都大学，早稲田大学の3大学である。東京大学には，もともと国内の「デザイン思考教育」を先導してきたi.schoolと，多数の技術系ベンチャー企業を支援してきた産学協創推進本部が存在している。両者が連携し，外部機関をつなぐプラットフォームとして活動したことが高い評価へとつながったものと推察される。なお，同大学では，支援機関，VC，外部企業，OB会，などから構成される創業支援エコシステムも強力であり，東大発ベンチャー全体の時価総額は1兆円を超えている。同大学の代表的な起業家教育プログラム「東京大学アントレプレナー道場」は既に15年目に突入し，卒業したOB起業家らが里帰りしてメンターとして参加し，後進を育成している（各務，2018）。

　また，京都大学でも，アイデア創出から事業創造にいたる網羅的なプログラムが組まれている。3年間での受講者はのべ322名であり，16名が実際に起業した。EDGE採択大学では，「顧客の課題の発見」や「その解決」といった事業創造の初期のプロセスに関連した教育プログラムがよく実装されている一方，「事業計画の策定」など，「事業創造の出口」に近い側面については必ずしもそうではない（EDGEデザイン研究会ほか，2016）。しかしながら，京都大学では，東京大学と同様，両者を網羅する教育プログラムが組まれており，高評価につながったものと推察される（京都大学起業家育成プログラム，2016）。

　また，早稲田大学においても，大規模大学のスケールメリットを活かした全方位的な起業家教育が実装されている。入門者向けには起業家精神を醸成する「アントレプレヌールシップ教育プログラム」などが開講される一方，非常に実践的な「ビジネスモデル仮説検証プログラム」も提供されている。加えて，起業家の卵がつどい，アイデア創造や作業を行うためのデザインスペース（共創館）も2箇所設けられている。のべ受講者数は2,222名にのぼり，起業実績も8件に達したことが高評価につながったものと推察される（Waseda-Edge人材育成プログラム，2017）。

　なお，上記以外の各大学においても，それぞれの特色を活かしたユニークな試みが行われている。たとえば，東京工業大学では，技術系の学生と芸術系の

学生（東京芸大など）による混成チームが組まれ，多様性にもとづくイノベーション創出が試みられている（東京工業大学エンジニアリングデザインプロジェクト他，2017）。

## ③　国内大学における起業家教育に残された課題

上記のような取り組みを通じ，国内大学における実践的な起業家教育プログラムは，その根をおろしはじめたと考えられる。今後は，地に足ついたプログラムの維持とブラッシュアップが必要となってくるが，その際，問題となりそうなのは「教育スコープの設定」や「教育効果の測定」である。

例えば，起業に関する知識がゼロに近い受講生に対しては，基礎知識を与え，「起業への意思」を喚起することが重要となろう。一方，本格的な起業を志す学生に対しては，PoC，事業計画の策定，人材や資金の確保，成長への施策等，伝えるべき内容は多岐に渡る。「大学教育の中で何をどこまで教えるのか」，「実装した教育プログラムをどう評価するのか」といった観点が重要となってくる。次小節以降，海外研究をもとにこれらの課題に対するヒントを探る[1]。

### (1)　起業への意思，起業家的な学び

わが国と比べ，先行して起業家教育に取り組んできた海外の知見には一日の長がある。例えば，米国の起業家教育は1947年に始まり，現在では1,600以上の大学で18万人が受講している（Katz, 2003）。そのため，関連する研究成果が蓄積され，レビュー・ペーパーやメタアナリシスがあらわれてきている。

2016年に発表された計量文献学的なサーベイ論文（Loi et al., 2016）では，1991年から2014年までの1,956件の論文が精査され，影響力の大きい44本の論文がスクリーニングされた。因子分析の結果，起業家教育の研究に関する重要テーマとして抽出されたのは

(1)　起業家教育の内観（Introspection）

(2)　起業への意思（Entrepreneurial Intension）

(3)　教授方法（Pedagogy）

(4)　起業家的な学び（Entrepreneurial Learning）

(5)　教育・研修内容の評価（Evaluation）

の5つとなっている。このうち，起業家教育に関する文脈でもっとも数多く研究されてきたのは，(2)の「起業への意思」である。現実的な「起業」の前提となるのは，起業家が有する「起業への意思」の存在である。時間的制約のある学校教育のアウトカムとして，その喚起が重視されていることが推察される。

　また，上記(4)は「起業家はどのように事業機会をとらえ，意思決定し，また，失敗から学んでいるのか？」に関する研究であり，近年引用数が増加していることが指摘されている[2]。後発のわが国においては，このような海外先行研究の成果も踏まえ，「教育のエビデンス」となりうるデータを地道に収集・分析し，わが国の文脈にあった起業家教育のスコープを形づくっていくことが重要であろうと考えられる。

### (2)　起業家教育の効果測定の試み

　なお，起業家教育のアウトカムを「起業意思の喚起」と定めた場合，その効果に関するメタアナリシスも海外文献には存在している（Bae, et al., 2014）。73本の論文（対象者数37,285名）に関するメタアナリシスの結果からは，強くはないものの統計的に有意な効果が得られている。すなわち，「起業家教育の受講生は，非受講生よりも高い起業意思を有する」傾向にある。しかしながら，起業家教育を受講する学生は，そもそも当初から起業への意思が強く，そのため，受講生と非受講生との間に見かけ上の有意差が生じている可能性もあわせて指摘されており，今後の精査が必要である。

　なお，このメタアナリシスでは，受講生が属する社会の「文化的な風土」も，教育効果に影響することが指摘されている。「仲間うちの集団意識が強い国」や「男女格差が小さい国」では，「起業家教育が起業意思を喚起しやすい」という結果となっている。「集団意識」が比較的強いと考えられるわが国におい

ても，起業家教育が高い有効性をもつ可能性が示唆されるが，このような客観的な効果測定の試みは海外でもまだ発展の途上にある。わが国においても，教育効果に関するデータの収集と分析を現実化し，エビデンスにもとづくPDCAサイクルを実装していくことが今後の起業家教育において不可欠であろう。

## 4　結　　語

　ここ数年，わが国において実装されてきた起業家教育プログラムを振り返ると，アクティブ・ラーニングを包含した実践的な教育に重きが置かれてきたが，一方，その客観的な効果測定はまだこれからである。起業のためには具体的な行動が重要であるがゆえ，アクティブ・ラーニングが有効であろうことに疑いの余地はないが，一方，旧来型の座学で伝えるべき内容も，依然として存在しているものと推察される。今後は適切なアウトカムの定義のもと，エビデンスデータにもとづく検証とブラッシュアップが必須である。

　2012年ごろから，国内では民間のアクセラレータやCVCがあいついで設立され，リスクマネーの供給量も増加している。国際的にはまだ「起業活動が活発」とはいえない状況ではあるが，改善の傾向は着実にあらわれてきている。このようなトレンドを維持し，起業活動をさらに促進・強化していくためにも，筆者自身，エビデンスベースの教育の実現に向けた取り組みを行うとともに，あわせて，「起業意思が国内の学生よりも高い」と推察される留学生などにも積極的に働きかけながら，よりよい起業家教育プログラムの実現に尽力していきたい所存である。

【脚　注】
1)　本講では触れないが，より多くのリソースを要する「テクノロジープッシュ型」の起業，ならびに，その教育プログラムへの取り込みについても課題は存在する（Suzuki, 2015）。
2)　本講テーマに関しては「エフェクチュエーション」の概念が有名である（Read, et al., 2016）。積極的に行動を起こしながら事業機会を広げていく様相がうまくまとめられている。

**（参考文献）**

EDGEデザイン研究会，イノベーション教育学会SIG（2016）『イノベーション創出活動に関する手法調査報告書』Mar. 2016.

エリック・リース（著）（2012）『リーン・スタートアップ』日経BP社。

各務　茂夫（2018）『日本のアントレプレナーシップ教育プログラムの軌跡と今後』研究技術計画　Vol. 33(2), pp. 101-108.

東京工業大学エンジニアリングデザインプロジェクト他（2017）『エンジニアのためのデザイン思考入門』翔泳社。

NEDO（2018）『オープン・イノベーション白書第二版』新エネルギー・産業技術総合開発機構（NEDO）。

濱口　秀司（2016）『「デザイン思考」を超えるデザイン思考』DIAMOND ハーバード・ビジネス・レビュー2016年4月号。

文部科学省（2014a）『グローバルアントレプレナー育成促進事業』http://www.mext.go.jp/a_menu/jinzai/edge/ 1400289.htm〔2019/2/15確認〕

文部科学省（2014b）『グローバルアントレプレナー育成促進事業概要説明資料』https://www.jst.go.jp/shincho/koubo/26koubo/youryou/edge 26-ggaiyous.pdf〔2019/2/15確認〕.

文部科学省（2018）『「グローバルアントレプレナー育成促進事業（EDGEプログラム）」採択課題事後評価結果について』http://www.mext.go.jp/b_menu/houdou/30/03/1402351.htm〔2019/2/15確認〕.

Waseda-Edge 人材育成プログラム（2017），https://ssl.waseda-edge.jp/previous/〔2019/2/15確認〕.

米山　茂美, 渡部　俊也, 他（2017）『日米欧企業における　オープン・イノベーション活動の比較研究』学習院大学経済論集 Vol. 54(1), pp. 35-52.

Bae, T., Qian, S., Miao, C., and Fiet, J.（2014）"The Relationship between Entrepreneurship Education and Entrepreneurial Intentions: A Meta-Analytic Review", Entrepreneurship Theory and Practice Vol. 38, pp. 217-254.

Hasso Plattner Institute of Design at Stanford（2019），https://dschool.stanford.edu/〔2019/2/15確認〕.

Katz, J. A.（2003）"The chronology and intellectual trajectory of American entrepreneurship education: 1876-1999", Journal of Business Venturing Vol. 18, pp. 283-300.

Loi, M., Castriotta, M. and Di Guardo, M.C.（2016）"The theoretical foundations of entrepreneurship education : How co-citations are shaping the field", International Small Business Journal Vol. 34 (7), pp. 948-971.

NSF（2019）"NSF Innovation Corps", https://www.nsf.gov/news/special_reports/i-corps/〔2019/2/15確認〕.

Read, S., Sarasvathy, S. and Dew, N.（2016）"Effectual Entrepreneurship", Routledge.

Suzuki, K. (2015) "Entrepreneurship Education based on Design Thinking and Technology Commercialization in Japanese Universities", Proceedings of 5th International Congress on Advanced Applied Informatics, IEEE, pp.779－784.

（鈴木　勝博）

# 第Ⅲ部

# 新ベンチャービジネスの事業環境

# 第8講　IT産業

## 1　はじめに

　今まさにIT産業が自動車産業やサービス業の変革を主導する時代を迎えている。例えば，トヨタ自動車がソフトバンクとの提携を通じて自動運転技術を開発してきた[1]。また，ウーバーが自動車産業に，エアビーがホテル業界にディスラプションを仕掛けたようにスタートアップという新興勢が大手企業に挑んでいる時代になってきた。これまでスタートアップはアメリカをはじめとする先進国勢がけん引してきたが，近年，新興国のスタートアップ企業の台頭も注目を集めている。

　さて，そもそもスタートアップ企業とは何か。なぜ，スタートアップが大手企業と提携，そして業種の垣根を越えるほどその存在感が増してきているのか。また，新興国スタートアップの活動が活発化しており，こういった活動を促進させる要因は何であろうか。

　本講ではシリコンバレーをはじめ，新たに台頭してきたインドや中国におけるスタートアップを育てる環境について概観するうえ，スタートアップがどのような変化を辿ってきたかを明らかにする。

## 2　IT産業とスタートアップ

　スタートアップはアメリカのIT企業が集まるシリコンバレーで生まれた用語で，IT産業との関連性が強い[2]。ITはInformation Technologyの略で，日本語では「情報技術」と略されている。そして，IT技術は，パソコン・スマホ・IoT（Internet of Thing）家電などのハードウェア，OS（Operating System：オペレーティングシステム）・アプリ・AI（Artificial Intelligence：人工知能）などのソフトウェア，インターネット・Wi-Fi・5Gなどの通信技術，の3つの要素

で構成されている。したがって，IT産業はハードウェア，ソフトウェア，通信ネットワークの3種類に大別される。

　IT産業発展のけん引役がスタートアップである。スタートアップとはIT産業においてイノベーション（新しい技術・方法）を通して，ビジネス課題や社会問題を解決する，創業から2～3年の企業のことである[3]。これらのスタートアップは雇用創出，経済成長に大きく貢献していると言われている[4]。

## ③　スタートアップの発展と現状

　スタートアップ企業が米国をはじめ欧米の先進国で生まれたが，近年では中国やインドにおけるスタートアップ企業の成長も著しい。CB Insightによると，2019年1月時点，世界のユニコーン企業310社のうち，米国151社に次ぐ，第2位が中国82社，第3位がインド13社である[5]。ユニコーン企業とは，設立10年未満で企業の評価額が10億円以上ありながらも，上場していないスタートアップ企業のことである。

　なぜ，これらの地域におけるスタートアップ活動が活発しているのか。スタートアップの活動がそれらを取り巻くエコシステムにかかわっていると言われている。エコシステムとは，元々は生態系という意味で，本講でのスタートアップ・エコシステムというのは，スタートアップを生み出して成長させていくインフラ環境として捉える。具体的に言えば，「起業家とスタートアップ」と，「支援アクター」のという2つのセグメントの間の循環で構成されている[6]。「支援アクター」は，「大学，研究機関」「経営支援専門家（法律家，会計士，アクセラレーター[7] 等）」，「資金提供者（ベンチャーキャピタル等）」，「大企業」で構成され，これらのアクターは「起業家とベンチャー企業」に対し，各々の立場から各種支援やリソースの提供を行う[8]。

図表8－1　スタートアップ・エコシステム

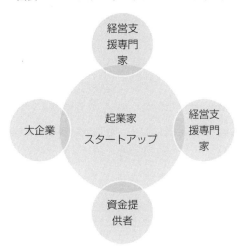

（出所）　岸本（2018）をもとに作成。

　図表8－1が示しているように，起業家やスタートアップが中心として，それらを取り巻く支援アクターが存在している。なお，各国や地域の特殊な事情により，エコシステムも異なる。ここでは，アメリカのシリコンバレーをはじめ，近年スタートアップが急成長している中国やインドのスタートアップ・エコシステムの特徴について，従来の状況に加えて，概ね2010年以降の状況を記述する。

### ⑴　米　　　国

　シリコンバレーにおけるスタートアップ推進の活動は既に戦前から始まっており，その後長い年月をかけ，何度か転機を経験し，その都度新たな産業・イノベーションやビジネスモデルを生み出しながら世界をリードしてきた[9]。Global Startup Ecosystem Report（2018）によれば，シリコンバレーには1万2,700～1万5,600社もスタートアップ企業が活動し，およそ200万人の技術労働者が次なるメジャーなビジネスチャンスを窺っている[10]。また，2019年1月

には，世界のユニコーン企業310社のうち，アメリカのスタートアップ企業が151社と，半数以上占めている[11]。シリコンバレーから世界的な大手企業に発展してきた代表的なシリコンバレー企業はAppleやGoogle，Cisco，Qualcomm，Uber，Airbnb等がある。

　米国のシリコンバレーエコシステムがどのようになっているのか。起業家・スタートアップの側面では，スタンフォード大学等からの豊富な人材と技術シーズの供給，産業界との連携に加え，近年は，起業家育成プログラムの充実がみられ，学生や教授らによる起業が強く奨励されている[12]。

　「支援アクター」の「経営支援専門家」については，従来からあるベンチャー経営に精通した経営実務専門家（法律家，会計士等）からのサービスに加え，近年は，コワーキングスペースやアクセラレーターのような起業家支援施設・育成プログラムが登場し，事業成長の加速と起業家コミュニティ形成の促進がなされている[13]。

　「資金提供者」の分野では，従来，当地の半導体・エレクトロニクス産業の技術的・起業家的発展とシンクロする形でベンチャーキャピタル（VC）業界が発展してきた[14]。2018年第4期の投資は，インターネット関連，ヘルスケア，モバイル決済に集中している[15]。また近年は，新世代Web起業家登場に合わせるように，VC業界の再編（従来型VCの停滞と「スーパー・エンジェル」の発展）がみられた。例えば，クラウドファンディングが生み出され資金調達ルートが一層多様化した。また，「大企業」の存在もエコシステムにとって不可欠である。かつては，スピンオフ等を通じた起業家・経営人材の供給が主な役割であったが，近年大企業からの投資も多くみられるようになってきた。

(2)　中　　　国

　中国では新規企業登録数は急増している。中国国務院によれば，企業数は改革開放初期（1978年）が49万社だったものが，2018年12月末には1億900万社に達し，1日平均1万8,400社が起業している[16]。CB Insightによると，2019年1月時点，世界のユニコーン企業に占める中国のスタートアップ企業が82社あ

り，主な分野はシェアリングエコノミ，モバイル決済になっている。例えば，シェアリング分野の代表格企業として滴滴出行（ディディチューシン）が挙げられる。

　急速な勃興の背景には中国政府の新産業育成政策下のエコシステムがある。中国政府によるスタートアップへの環境整備は，中国経済をけん引していた輸出企業が多数倒産したリーマンショック後に始まった。中央政府は経済再生策の一つとして，2010年に「戦略的新興産業の創出政策」を打ち出し，企業の研究開発力向上への支援策，企業年金からスタートアップへの投資を可能にする規制緩和を実施した。とくに2014年9月には李克強首相がダボス会議で提唱した「大衆創業，万衆創新」，双創と略称されている政策が挙げられる。この構想の趣旨は文字通り，「大衆による起業，万民によるイノベーション」と説明できる。目的は，中国社会におけるイノベーションの理念・精神や起業文化の形成にあるとされている[17]。

　起業家・スタートアップの側面では，毎年約700万人の大卒者がおり，大卒者が満足する就職先が大幅に不足している中，起業を志す者が多い。2011年には，660万人の大卒者がおり，起業率が1.6％だったものが，2017年には，795万大卒者で起業率が3％，2018年では，820万人大卒者で起業率が3％となっている[18]。そして，後述する潤沢な資金に，潤沢な資金に引き寄せられ，留学生帰国者もスタートアップに加わっている。

　政策の方向付けにより，スタートアップに潤沢な資金が集まってくる。2018年第4期の世界のベンチャーファイナンスの投資資本総額で，中国は米国に次ぐ2位である[19]。その資金源を見ると，政府部門が大きな役割を果たしている。2016年の中国VCの資金源の内訳は，政府・国有企業が35.3％と最大で，民間の機関投資家14.4％，個人12.0％，混合所有企業5.2％と続いている[20]。そして，中央政府だけでなく，地方政府も資金提供を行っている。国内資本の代表として，コーポレートベンチャーキャピタル（CVC：Corporate Venture Capital）がある。例えば，ソフトウェアの分野では，アリババ，テンセント，バイドゥ，ジンドンなどの企業によるスタートアップ企業への投資がある。

CVCの目的は2つある。1つ目は，出資を通じてスタートアップの先端技術を吸収し，自社技術とのシナジー（相乗効果）を狙うためである。また，シナジー効果の追求だけではなく，投資リターンの追求というのが2つ目の目的である。

　ユニコーン企業のうち36％が北京に集中しており，上海25％，深セン12％，杭州7％となっている[21]。北京は清華大学，北京大学など理系に強みを持つ大学が立地するほか，VC，政府機関が集中しており，上海は金融都市で，資金調達面に優位性がある。杭州はAlibabaの本社，深センにはTencentやHuaweiの本社がある。これらの都市は，エコシステムが発達しており，産官学による経営支援も充実している。大学では，起業家育成プログラムの充実がみられる。

　加えて，起業家が低コストで起業できるインキュベーションである衆創空間は各地で設立されている。上海財形大学の「2016衆創空間発展報告」（2016年11月発表）によれば，中国全土で3,155カ所の衆創空間が存在し，そのうちの42.4％にあたる1,337カ所が科学技術部の認定を受けて，中央政府もしくは地方政府から政策的な支援を受けているという。地域的には偏りがあり，北京市，上海市，重慶市，広東省に多くの拠点が設置されているが，貴州省，青海省など内陸部にもすでに衆創空間を設置する動きが広がっている。


### ⑶　イ　ン　ド

　ジェトロ（2018）[22]によると，インドでは2017年に1,000社のスタートアップが生まれ，企業数は累計で5,500社に達した。過去10年で，「ユニコーン」企業は13社も誕生しているほど，技術発展の高さを窺える[23]。2017年時点，スタートアップの起業失敗率は約25％である。スタートアップのビジネス領域は，電子商取引（EC）などB2C系の企業が60％と業界の大半であり，近年では法人向けサービス，ヘルステック，フィンテックなどB2B系の割合が明らかに上昇している[24]。

　インドのスタートアップ企業の代表格といえる企業がペイティーエム

（Paytm）である。同社は2009年創業ながらも，既に1万人以上の従業員を抱えるインド最大手の電子決済会社に成長した[25]。同社の決済サービスは，雑貨店や八百屋など零細小売店を含めた800万店で利用が可能である。近年では，ECサイトや旅行サイトの運営も始めており，B2C限定ながら銀行免許も取得した。同社には，2015年の中国アリババグループによる6億ドル近い投資に続き，2017年に日本のソフトバンクも14億ドルの多額出資をしている。なお，ソフトバンクとヤフーの合弁会社は7月27日，Paytmと連携してバーコードを使った新たなスマートフォン決済サービス「ペイペイ（PayPay）」を日本で2018年10月から提供を開始した。

インドのスタートアップ・エコシステムをみてみよう。人的側面では，コンピューターやネットなど最先端技術，数学の技能を習得できるインド人学生は大勢おり，中に名門インド工科大学（IIT）を卒業する世界レベルの技術者は年間約9,000人いる[26]。

スタートアップの集積地について，ベンガルール，デリー近郊，ムンバイなどの大都市が全体のスタートアップ数の約68%を占めており，スタートアップへの投資額は2017年時点で34億ドルに達しており，投資家の構成については，国内投資家が56%，海外投資家が44%となっている[27]。

経営支援については，教育機関や大企業が支援組織となり，スタートアップに助言するインキュベーター[28]やアクセラレーターは多く存在している。インド政府は2016年にスタートアップ・インディア計画[29]を公表した。スタートアップ・インディア計画は①複雑な手続きの簡素化 ②資金調達支援と優遇措置の提供 ③インキュベーション及び産学連携，の3つの領域で構成している。政府はこの計画により，スタートアップの設立等が加速化されることを期待している[30]。さらに，政府は2017年5月，スタートアップの特許出願を容易にし，知的所有権の認識と採用を促進するために，スタートアップの知的財産を保護する様々なスキームを導入した。政府はこれらスキームに基づいて，スタートアップの特許，商標または意匠の出願の世話人の料金を負担している。スタートアップは，法定料金を負担するだけでよい。しかし，政府による支援

策が官僚主義的で形骸化していると指摘されている。

　こういったエコシステムの完備により，インドは，最も好まれるイノベーションセンターの設置先としてアジアで第1位，世界で第3位となっており，東ベンガルールの「シリコンバレー」がその筆頭に上がっている[31]。

# ④　IT産業と新ベンチャービジネス進展

　IT産業におけるスタートアップ企業が著しい成長を遂げてきている。世界各地で起こっているベンチャーブームは既存のビジネスを変貌させている。前述したように，スタートアップ活動は戦前シリコンバレーから始まっており，その後長い年月をかけ，何度か転機を経験し，その都度新たな産業・イノベーションやビジネスモデルを生み出しながら世界をリードしてきたが，いずれの時代においてもスタートアップ企業に後述する共通な特徴がみられる。それは，新しいことにチャレンジする起業家精神と，社会問題を解決するという起業理念である。ここでは主に技術革新，ビジネスモデルと資金調達の手法に焦点を当てる。

　時代とともに進化してきた技術を市場に投入するのは，多くは新しく誕生したスタートアップである。1980年代初期のハードウェアおよびソフトウェアを中心にビジネスモデルを構成してきた。代表的な企業はApple，IBM，Microsoftなどの企業がある。1990年代以降，シリコンバレーをはじめ，世界各地でITバブルが起こり，その頃の中核技術は検索エンジンを重心としたインターネット技術であった。代表的な企業はグーグル，ヤフー，アマゾン，アリババ，テンセントが挙げられる。2002年にITバブルが崩壊した。2007年以降，iPhoneの発売により，携帯端末の保有が急増した。それに新たなビジネスチャンスをとし，アプリ事業を中心としたビジネスが誕生した。例えば，ライン，フェイスブックなどの企業が注目を集めている。2010年頃には，スマートフォンの普及と決済サービスの充実により，IoT分野のビジネスが発達してきた。インターネットを介して巨大な消費者データが収集され，グーグルなどの「GAFA」と呼ばれる米国大手企業だけではなく，アリババやテンセントプ

ラットフォーム企業は世界中の消費者データを糧に成長を続けている。

　スタートアップの進展や拡散をもたらした背景にはインターネットおよび通信技術の普及により，起業バーリアルが低下したことが挙げられる。2005年頃から，オープンソースソフトウエアの普及により，ソフト開発・宣伝費が劇的に低下した。かつては，自社用のサーバーを購入し，データベースを構築するだけで数百万円以上の投資が必要であったのが，オープンソースソフトウエアやクラウドサービスを利用すれば，数万円で同様のことが可能になった[32]。これにより，自己資金だけで一定のサービスを，インターネットを通じて提供出来るようになった。資金調達ルートも一層多様化してきている。従来のVCに加えて，CVC，クラウドファンディングなどの資金調達方法がある。近年，CVCによるスタートアップへの投資額も年々増加している傾向にある（図表8－2参照）。図表8－2をみると，CVCの投資額2018年は2017年比で47％増の530億ドル（約5兆9,000億円）となった。

図表8－2　世界のVCとCVCの投資額の推移（単位：億ドル）

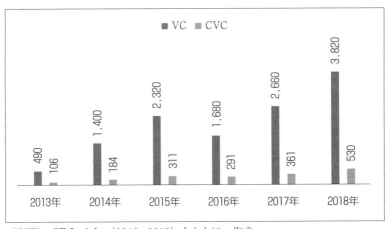

（出所）　CB Insight（2018, 2019）をもとに，作成。

　CVC投資を国別に見ると，2018年米国のスタートアップ企業への投資件数が1,046件（投資金額265億ドル）で1位に位置し，2位の中国のスタートアップ

企業への投資件数351件（投資金額108億ドル）を大きく上回っており，日本のスタートアップへの投資件数は中国と同水準にまで増え，米国，中国に続き世界3位となった[33]。

　スタートアップ企業は様々な資金調達方法で資金を調達できるが，資金調達方法によって経営にどのような影響を及ぼすのか。VCとCVCから資金提供を受けた場合，投資家が経営手法，ガバナンス体制，人材を導入することでスタートアップの成長を促進させる[34]。起業家が投資家の圧力の下，利益を創出していく。VCとCVCからの資金調達に比べて，クラウドファンディングによる資金調達は「共感価値経営」と言われており，投資家から経営への干渉がないものと思われる。しかし，実際には個人投資家がプラットフォームを介して，プロジェクトや製品開発に関するアドバイスを提案し，品質を向上させていく[35]。このアドバイスも投資家からの一種経営への関与と考えられる。また，起業家がアイディアをプラットフォームで公開しなければならないため，アイディアが盗まれる恐れがある[36]。したがって，クラウドファンディングは必ずしもIT関連の起業に結び付けられるファイナンス手法ではないと考えられる。また，中国やインドにおけるスタートアップ活動の勃興が政府の産業振興策に深く関連している。政府の政策の方向付けにより，潤沢な資金が流れ込み，人材を呼び寄せたのである。

## ⑤　進化するスタートアップビジネスと競争原理の歪み

　これまでみてきたように，スタートアップ企業は技術進展に伴い，そのビジネスモデルが変化し，均質化なものではない。加えて，政策支援や資金調達手法の多様化によりスタートアップ企業の起業環境が向上してきている。そして，今日のスタートアップがあらゆるものをつなげ，データ収集するIoTと，それらのビックデータを分析するIT技術を結合し，ビジネスを変革させていく役割を果たしている。

　スタートアップ企業の資金調達が以前よりしやすくなっており，急成長を遂げている反面，ほぼ赤字が続いている[37]。例えば，ウーバー，リフト，ス

ウェーデンの音楽配信大手スポティファイ，米ストレージサービスのドロップ
ボックスなどは，赤字が続いても評価額は上がり続けた。言い換えると，ス
タートアップの評価額が事業の実態以上に高騰していることである。比べて，
市場のIT株の株価が低迷している。一部のVCにとっては，既に過大評価さ
れている投資先ユニコーン企業の価値を利用して，さらに資金を調達し，報酬
として受け取るマネジメントフィーの引き上げようとしている。赤字企業が市
場を独占するために巨額の借り入れをすることは，一部の起業家や投資家を利
する可能性があるが，資本市場や労働市場をゆがめ，競争原理をもゆがめるこ
とになる。


**【脚　注】**

1) 「移動革命にらみ連携，トヨタ・ソフトバンクやホンダ・GM，自動運転で主導権
争い，グーグル系先行に危機（ビジネスTODAY）」『日本経済新聞』2018年10月5
日付け。
2) ロッシェル・カップ，スティーブン・ガンツ（2015）。
3) スタートアップ企業とベンチャー企業の違いは，スタートアップ企業が既存ビジネ
スの延長線上ではなく，新しいビジネスモデルを用いて，短期間に急成長を遂げた
企業のことにある。ベンチャー企業は英語の"Venture"の和製英語であり，ベン
チャーキャピタルから出資を受けている企業のことである。
4) Joshi and Satyanarayana（2014）.
5) その他は英国16社，ドイツ6社，韓国6社，日本1社などである。
6) 岸本（2018）。
7) 起業家や創業直後の企業に対し，事業を成長させるための支援を行う組織である。
8) 岸本（2018）。
9) 岸本（2018）。
10) StartupGenome（2018）。
11) CB Insight（2019）。
12) 岸本（2018）。
13) 岸本（2018）。
14) 岸本（2018）。
15) CB Insight（2018）。
16) 中華人民共和国中央人民政府ホームページ。
（http://www.gov.cn/xinwen/2018-12/25/content_5352060.htm 2019年3月4日
最終アクセス）。
17) 金堅敏（2016）。

18)　麦可思（2018）。

19)　CB Insight（2018）。

20)　藤田（2017）。

21)　藤田（2017）。

22)　ジェトロ（2018）。

23)　CB Insight（2019）。

24)　ジェトロ（2018）。

25)　インドで電子決済を普及させた背景には，2016年末の高額紙幣の無効化による現金不足があげられる

26)　「寄稿，イグナシアス・チセレン氏――米国ビザ発給制限，インドの頭脳流出防止に好機（NIKKEIASIANREVIEW）」『日本経済新聞』2018年12月13日。

27)　ジェトロ（2018）。

28)　経営アドバイス，資金調達へのアクセス提供，企業運営に必要なビジネス・技術サービスへの橋渡しを行う団体，組織を指す。例えば，オフィススペースやコンピューター環境などを安価で提供する。

29)　インド政府は2016年1月に公表したイニシアチブで，イノベーション及び大規模な雇用機会を創出するプラットフォームを設立することを目指す。政府はこのイニシアチブを通じて，イノベーションとデザイン分野に集中してスタートアップ・エコシステムを強化していく。イニシアチブの目標を達成するため，スタートアップ・インディア計画を公表した。詳細については，ジェトロ（2018：45-46）を参照せよ。

30)　ジェトロ（2018）。

31)　ジェトロ（2018）。

32)　藤田（2017）。

33)　「日本の新興勢へ投資活発，昨年件数3位，中国に迫る，リスク抑制，金額は小粒」『日本経済新聞』2019年3月2日付。

34)　例えば，Hall & Hofr, 1993；Zacharakis & Meyer, 2000；Davila, et al., 2003。

35)　Valanciene & Jegeleviciute（2014）。

36)　Valanciene & Jegeleviciute（2014）。

37)　マーティン・ケニー氏と氏はスタートアップの資金調達を巡る変化について書いた論文「ユニコーン，チェシャ猫，起業資金調達の新たなジレンマ」の中で，次のように指摘している。「スタートアップ企業は，どこも急成長することによって『勝者総取り』の地位を目指している。そのためにすさまじい速さで急成長を遂げるが，ほぼどこも赤字続きで，ほとんどが黒字化のメドがたっていない」（「テックバブル，崩壊の足音――過剰な出資競争，市場をゆがめる」『日本経済新聞』2019年1月31日）。

**（参考文献）**

岸本千佳司（2018）「シリコンバレーのベンチャーエコシステムの発展：「システム」としての体系的理解を目指して」『AGI Working Paper Series』アジア成長研究所。

金堅敏〔2016〕「中国の新たなイノベーション戦略を支える『大衆創業・万衆創新』政

策の展開」『日中経協ジ　ャーナル』12月号（No.275）：6‐9。

ジェトロ（2018）『2017年度日本発知的財産活用ビジネス化支援事業. エコシステム調査　―インド編―』
（https://www.jetro.go.jp/ext_images/_Reports/02/2018/2d0319537380ba7f/report-in.pdf 2019年2月13日最終アクセス）。

ロッシェル・カップ・スティーブン・ガンツ（2015）『シリコンバレーの英語：スタートアップ天国の仕組み』IBCパブリッシング。

藤田哲雄（2017）「中国の起業ブームとベンチャーファイナンスの動向」環太平洋ビジネス情報　RIM, 17（64）：1‐24。

CB Insight（2019）The Global Unicorn Club.

CB Insight（2018）MoneyTreeTM Report Q4 2018.

Davila, A., Foster, G.and Gupta, M.（2003）"Venture capital financing and the growth of startup firms", *Journal of Business Venturing*, 18：689‐708.

Joshi, K.and Satyanarayana, K.（2014）"What Ecosystem Factors Impact the Growth of High-Tech Start-ups in India？", *Asian Journal of Innovation and Policy*, 3.2：216‐244.

Hall, B.H.and Hofr, C.W.（1993）"Venture capitalists' decision criteria in new evaluation", *Journal of Business Venturing*, 8：25‐43.

Startup Genome（2018）*Global Startup Ecosystem Report 2018*.

Zacharakis, A.L. and Meyer, G. D.（2000）"The potential of actuarial decision models：can they improve the venture capital investment decision？", *Journal of Business Venturing*, 15：323‐346.

Valanciene, L. and Jegeleviciute, S.（2014）"Crowdfunding for creating value：stakeholder approach", *Procedia-Social and Behavioral Sciences*, 156：599‐604.

麦可思（2018）『就业蓝皮书：2018年中国大学生就业报告』（『就業青書：2018年中国大学生就業報告』）。

（徐　玉琴）

# 第9講 AI
## ―スタートアップ―

## 1　人工知能と機械学習のビジネス利用

　AIを簡素に述べれば，与えられたデータに基づいて，何かを正確に予測するまたは理解することができるコンピュータシステムと言える。そのAIを有効に機能させるためには，機械学習（ML）の実施が必要である。機械学習はAIを利用可能にするシステムを開発するプロセスで，コンピュータシステムに学習する機能を備えさせた技術であり，この機械学習の質・量がAIの能力を大きく左右する。AIでは機械学習によりアルゴリズムを高度化し，精緻な理解や予測を導き出すことを可能にするのである。アルゴリズムとは換言すれば，問題を解決したり，タスクを完了したりするための一連の詳細な指示である。また，機械学習を平易に言い換えれば，開発者が製品を構築したり，人間のような機能を含むプロセスを自動化したりすることを可能にするツール，技法，技術が適切であろう。

　機械学習の重要な役割は，事前に与えられたパラメータ（推論）に基づき，予測を行う方法をコンピュータシステムに「教える」ことである。言わば，アルゴリズムと与えられた大量のデータを使用してAIの成長を学習により支えているわけである。これは，人間の学習のプロセスと非常によく似たものである。

　ビジネスにおけるAI活用を検討した場合，効果的なビジネス上のプロセスの例について下記のように挙げることはできる。

図表9－1　企業においてAIにより自動化可能な業務プロセスの例

| |
| --- |
| ● 非構造化している請求書や，Ｅメール（商品名，金額，通貨，受取人，住所など）から関連する支払または注文データを抽出する |
| ● 税務コンプライアンスのための取引の分類を行う |
| ● 使用量に基づく契約をいつ更新する必要があるかを予測する |
| ● 積送中の車への在庫遅延を予測し対処する |
| ● 自動システムと一致するように，棚卸の最適な期間を計算する |
| ● 顧客サービス要求を社内の最も適切な部署やチームに送る |

（出所）　作者作成。

　これらの企業業務においてAIは有効に機能すると考えられるが，実際には
AIをビジネスへ導入し有用している企業の数はまだ数少ないのが現実である。
そのため今後企業において，AI活用を促進するためには幾つかの点が重要に
なってくる。

### (1)　AI活用によって達成したい目標やユースケースを明確にする

　企業内におけるAI活用による目標やユースケースを明確にすることで，機
械学習させるデータの種類や量，必要となるアルゴリズムの質や種類が決まっ
てくる。換言すれば，万能なAIは存在しておらず，機械学習によって自社の
ビジネスに有効となる人工知能システムを作り上げることが必要になる。その
ためには，必要なデータセットの獲得と自社組織内に機械学習に対してある程
度のレベルの認識を有した人材が必要である。

### (2)　組織内で必要なスキルを身に付けるか，外務専門機関の支援を得るか

　AIは歴史ある技術分野であるが，ここ最近の過熱感から技術者の争奪戦が
起こっている。多くの企業は専門のエンジニアが著しく足りない中で，独自で
AIの導入を進めなければならない。そのため，導入を計画する企業にとって
助けとなるのが，AI導入支援企業である。これらの企業は，主に情報システ
ム開発企業であることが多いが，AIシステム導入支援業務に特化しているか，

もしくはそこに軸足を置いている企業であると言える。現状は比較的小規模なシステム開発会社が多く，独自のAIシステムを活用してサービス展開をする企業や，Watoson（IBM）やAmazonAWS（Amazon），テンサーフロー（Google）などの巨大企業が開発したAIエンジンを用いて導入検討企業の希望に応じたAIシステムやAIモデルの構築と運用を有償支援している業務を行う企業が多い。その中には，チャットボットや人事システムなど更に特化したアプリケーションを保有している支援企業もあれば，ジャンルを問わずAIエンジンを駆使して導入企業の多様なユースケースを支える企業など様々である。これらの支援企業は，①現状分析と導入により解決する課題を明確にするコンサルテーション　②AIが必要とする機会学習用のデータの収集・無駄な情報の排除（クレンジング）を行うサービス　③AIの予測結果を可視化したり再分析したりすることができるアプリケーケーションとの融合開発　④専門人材の常駐派遣などの業務をサービスメニューとして掲げ，それぞれ費用を得ている。彼らの支援がないと，現状独自にAIの学習→活用（予測等アウトプット）→既存システムとの統合を自社で行うことになり，これはなかなか障壁が高い。

　しかし，どうしても自社での展開を図りたい場合は，オープンソースを実装して利用する方法がある。これらのソフトウエアは無償か安価で提供されているものの，一方で，それを製品に組み込むための技術作業や，学習データを取りそろえるための作業，学習を実施しテスト成果の結果を評価するための作業を中心的に行うデータサイエンティストを雇用する必要があり，その者を見つけることは容易でなく，また仮に見つけたとしてもその人件費は決して安くはないと考えられる。

図表9－2　主なオープンソース　AIソフトウエア

| オープンソフト名 | リリース日程 | 内　　容 |
|---|---|---|
| TensorFlow | 2015 | オープンソースの機械学習フレームワーク。TensorFlowは，Python，C＋＋，Haskell，Java，JavaScript等で使用でき，加えて，他のプログラミング言語用のサードパーティ製パッケージも備えている。機械学習のための最も広く使われているフレームワークの一つで，フレームワークを使用すると，フローグラフを使用してニューラルネットワーク（さらに他の計算モデル）を開発することができる。 |
| Keras | 2015 | ディープラーニングモデルの作成を簡素化するように設計されたオープンソースソフトウェアライブラリである。Kerasは，モジュール性の拡張性で知られており，CPU（中央処理装置）とGPU（グラフィック処理装置）の両方で最適に動作する機械学習ライブラリが必要な場合に適したエンジンである。 |
| Scikit-learn | 2007 | 機械学習用に開発されたオープンソースライブラリで，分類，回帰，クラスタリング，次元削減などの機械モデルを特徴としている。Scikit-learnは3つのオープンソースプロジェクト，Matplotlib，NumPy，SciPy上で設計されており，データマイニングとデータ分析に焦点を当てている。 |
| Microsoft Cognitive Toolkit | 2016 | 機械プロジェクトを行うAIソリューションである。このキットの重要な機能は，Python，C＋＋，BrainScriptからのデータを処理できるように最適化されたコンポーネント，効率的なリソース使用，Microsoft Azureとの統合の容易さ，およびNumPyとの相互運用である。 |
| Theano | 2007 | これは機械学習モデルを簡単に作成できるようにするオープンソースPythonライブラリである。TheanoはGPU向けに最適化されており，効率的な識別を提供し，広範なコードテスト機能を備えている。 |
| Caffe | 2017 | Caffeは，表現力，スピード，およびモジュール性に重点を置いた機械学習フレームワークである。Caffeの主な機能は，表現力豊かなアーキテクチャ，積極的な開発を促進する広範なコード，高速パフォーマンス，活気のあるコミュニティである。 |

（出所）　作者まとめ。

## ② AIのビジネス普及と企業活動への影響

　AIは今後あらゆるモノの頭脳となり，自動化，検索，ソーシャルメディアの境界を押し広げ拡大させるであろう。例えば，仮想アシスタントやチャットボットは経営者や組織の上席等の特定者だけではなく，一般のユーザー等全ての者に支援業務を提供するようになるだろう。活用できる業務も，金融，保険，法律，メディア，広告など際限がないと言われている。現状は自動車を代表する交通分野や，工場の自動化など限定された分野での活用に留まっているが，今後は，前掲した分野を中心に知的なアドバイスを提供できるようになると考えられる。期待される分野も，ヘルスケア分野での自動診断や，電子商取引の輸送およびサプライチェーンネットワークを最適化や，ライフサイクルの短い製品の製品化までの時間短縮，企業の研究開発プロジェクトの効率化支援など枚挙に暇がない。

　しかしながら，人間の能力は決して劣ることなく素晴らしく，人間が有する知見や技術は，依然として比較的ニッチな用途に使用され，世界規模で雇用がすぐに脅かされるようなレベルの危険水準に達するには，もう少し時間がかかると考えられる。

　またAI活用は，業務やそのプロセスを自動化することで単にコストを削減するだけでなく，企業が新しい製品やサービスを創造する支援を行い，収益を最大化する可能性を持っている。競合他社や市場の動向，顧客のニーズ等を入念に学習させることによって，当該企業に対して有効な製品機能の示唆やサービスの届け方について示唆を提供してくれる。

　一方で，現在時点でAIを活用する企業やその規模はまだ限定的であり，この段階でのAI活用による直接的な受益者は，先駆的な優位性を持つソフトウエア企業とロボットプロセスで自動化を促進する企業でしかない。中期的に見れば，AI業界に特化したスタートアップ企業数も今後増加してくると考えられるが，その時点でAI産業界は急速に統合されて行き，数的に収束して行く可能性が十分にある。この過程において，AI活用による業界ごとの標準が登

第Ⅲ部　新ベンチャービジネスの事業環境

場・整備される可能性もあり，結果，ビジネスで勝者になる可能性はそう高くはないと推察できる。市場の急拡大は必然的に起こるが，必ずしもスタートアップ企業が成長・成功できる環境が用意されているわけではないと言うことである。むしろ，大企業や同業AIスタートアップとの厳しい競争が待ち受けている可能性が濃厚である。

　AIスタートアップは成功のために，適用するAIシステムやAIモデルを研究開発しながら，そのシステムが最適に適応するユーザー企業（顧客）を自ら探査しなければならない。またAIスタートアップは，競合となる大企業や新興企業の動向を見極めながら，早急にビジネスモデルを組み立てる必要がある。逡巡している時間はなく，今後AIの進化は，計算能力の飛躍的な成長と堅実なクラウドとスマートデバイスのエコシステムによって加速し，加えて，安価なコンピューティングコストとストレージコスト，高度なアルゴリズム等が，進歩に必要な条件を急速にクリアして行き，ユーザー企業の産業淘汰も加速して行くと予想されるからである。

　これと同時に，AIスタートアップに成長・成功のチャンスがあるモノのインターネット（IoT）にも注視する必要がある。遠隔物の稼働等のデータを収集して，それをリポジトリ（システムを構成するデータやプログラムの情報が納められたデータベース）に送信するセンサー，カメラ，その他デバイスを指す言葉である。収集されたデータは，産業用機器からの稼働診断値，監視カメラからのビデオフィード，音声認識システム音源などであり，IoTデバイスは毎日膨大な量のデータを生成し送り出してくる。AIにおける機械学習は，これらのデータを学習・分析し，機器の故障とメンテナンスニーズを予測し，顧客の利用上の要求を予測して，車両の輸送の到達測定等を行うためAIと伴に活用される。

　AIの産業（ビジネス）導入による市場規模は，世界全体で2015年には1兆20億円，2030年には2兆1,200億円に達すると言われており，急速に拡大している市場である。この数字は，2020年までに指数関数的な勢いで伸びると言われ，2015年〜2020年の市場の成長率は8倍くらいなるとまで考えられている。

108

## ③　AIを用いたスタートアップ企業の設立と戦略

### (1)　AIスタートアップ企業をゼロから興す方法

　我々の多くはITの進展によって，素早くお金と時間の自由を生み出すことがある程度可能になっていると考えてしまう傾向にあり，多くの場合，適切な計画を立てることなく素早く実際のビジネスを展開しようとする。現代の企業において，これはある場合には正しいと言える。もたもたしている間に市場が他社に占有され，潜在顧客を取られてしまう可能性があるためである。しかし，AIビジネスにおいて，乗り遅れまいと拙速に動いてしまった複数のスタートアップ企業が初年度の企業運営で失敗しているケースが多々あると言われている。そのため，AIスタートアップを立ち上げる前に，戦略要素は必ず検討すべきある。

　現在，AIスタートアップで提供できる最も一般的で初期的な業務・事業は，AIとデータで構築されたシステムをクラウドで提供するソリューション（課題解決）サービスである。本ビジネスでは，顧客の特定課題に合わせたソリューションを提供する形態であるため，世の中にある情報サービスビジネスやコンサルタント業に似た形態になる。AIスタートアップ企業において，顧客をよりよく理解していれば，AIシステム自体を改善して顧客ニーズを深く取り込んで行くことが可能になる。しかしこのためには，より大きなデータセットを用いてAIに学習させることが必要であり，それにより良い予測をアウトプットできるようになる。

　しかしながら最大の問題は，AIサービス提供業務は利益率が低く他顧客への再現性や拡張性に欠けると言う点である。顧客から得られるデータを活用し学習を行うため，他の顧客固有のニーズに沿ったAIモデルを構築するためは，新たにその顧客特有のデータが必要になり，その分AIモデル構築には時間が掛かってしまう。そのため一度に多くの顧客を得ることが物理的に難しく，仮に運良くサービス事業を利用する顧客が多く得られたとしても，それらをサポートするために業務に応じて人員を増員する必要が出てきてしまう。また，

全てのAIビジネスが拡大できるわけではなく，自社の提供するAIサービスが拡張できるものであるか否か，早い段階で見分けておく必要がある。AIスタートアップにとって，ソリューションビジネスだけで成長を遂げることが極めて難しい現実が存在する。

　これらの理由から，利益を得る可能性が高い顧客，換言すれば他社が見つけ出していない利益拡大の可能性がある潜在顧客を見つけ出し，誰よりも早くその顧客の課題を理解し，解決するためにはどのような学習データがどのくらい必要なのかを明確に描くことが重要である。これらのことを怠り，冒頭記したように"出たとこ勝負"で，拙速にビジネスを開始してしまうと，顧客（市場）を全く獲得できずビジネスが早晩たち行かなくなる。換言すれば，AIビジネスは一端，他社が気付いていない顧客を見つけ出すことができると，自然と参入障壁を組み上げることができると言うわけである。AIスタートアップにとっては，ブームに乗って参入をするのではなく，事前に周到な"ブルーオーシャン戦略"を構築しておくことが必要である。

### ⑵　AIスタートアップにおけるビジネスの基本

　AIスタートアップが提供するAIソリューションのビジネス展開の際，顧客候補企業は常に導入前にAIソリューションの試験運用を求め性能を測ろうとすることが予想される。しかしながら，顧客から得られるデータなしでは，高性能のAIモデルを構築することは困難である。それは，顧客の課題解決のためには顧客が有するデータにより学習したAIが支援策を導くことになるためである。ましてや，すぐに独自価値を発揮して先行する他のAIベンダーと競争できるようにすることは，AIに学習させるための良質なデータを顧客から確保し，どのプロセスを即座に自動稼働できるかを明確にすることができなければ不可能である。

　AIソリューションやAIモデルがパフォーマンスを大幅に向上させ，顧客から容認される水準のアウトプットを出力させるようにするためには，顧客から多量で高質な学習用データの提供を受ける必要がある。また一方で，仮にそれ

が可能となり一端AIが導くパフォーマンスが向上すると，今度はそのパフォーマンスを下げることが許されなくなる。パフォーマンスが落ちると顧客からの不満がたかまり，ビジネスの機会を失う可能性が出てくる。そのため，継続した学習を行うことが重要になる。

　AIでは経時的にパフォーマンスが改善するにつれて，人間に対するより多くの作業軽減を実現できるが，一方でAIにおいて所定の精度や信頼度を示す閾値が下回り始めた時に，AIスタートアップは調整介入して再学習する準備をする必要が発生するのである。そのため事業拡大を目指す場合は，限られた数のスタッフによって増え続ける顧客へのサービス提供ができる体制を整える必要がある。加えて皮肉なことに，これらの努力により，顧客の収益を改善し課題を解決する効果が見え始めると，今度はAIがその特定の用途以外の他の顧客に価値を提供することができるモデルやシステムとして存在することが非常に難しくなる。専門的に高い水準で支援を行えるAIシステムやモデルに進化すると，その分，他の用途では使いづらくなり，他の顧客の課題を解決するためには，顧客候補から多量で高質の学習用データを得て，時間を消費して機械学習を実施する必要が発生するのである。

## ④　AI活用のビジネスモデル

　AIシステムやAIモデルは，一般のクラウドコンピューティングによるソリューション提供（SaaS）システムと比較して，より高い水準で価値を提供するために必要となる時間が多く必要である。特にようやく多くの産業分野においてデジタル化が始まったばかりであり，企業が保有する学習において貴重となるデータは未だ手書きのメモや，構造化されていない観察ログや，PDFなど，抽出が困難な形式になっている場合が多いと想定される。

　これらのデータの構造化手法も顧客ごとに異なる可能性があるため，AIスタートアップのエンジニアがデータを正規化したり，標準化されたスキーマ[1]に変換したりしてAIの学習に適用できるようにするための時間が更に必要になる。そのために繰り返しとなるがAIを事業展開する前に，良質のデータを

収集・準備するサービスやシステム構築に人力と時間を費やすことが必要である。これによりAIシステムやAIモデルの構築・製品化には，一般的なSaaS製品の運用開始よりも大幅な費用が発生し，顧客を獲得する費用と同じくらい利益額に影響を与える可能性が考えられる。AIスタートアップでは，これらの展開と準備にかかる時間及び，新規顧客のために必要となる時間と費用を慎重に事前検証する必要がある。

　新機能を競うクラウドコンピューティングによるSaaSビジネスと比較し，AIビジネスには良い点もある。時間を掛けて課題解決を行うため，一端サービスを開始し良いパフォーマンスが提供できると，顧客と長期的な関係を構築できる可能性は高い。その結果，ビジネス規模の拡張を考えるAIスタートアップでは，AIシステムやAIモデルの質が向上すればするほど，更にデータを提供して高度なデータ生成を顧客企業が希望し，製品の質が一層向上する好循環が生まれてくる。この望ましいループは，一般のSaaSビジネスでは余り前例がなく，同時に新規参入企業に障壁を構築することを意味する。

　AIモデルでは，より多くのデータを使用した方が通常パフォーマンスはよくなるのだが，それでも利用開始後に年ベースの時間が経過すると，パフォーマンスが横ばいか悪くなってしまうことが一般的である。時がたち顧客を巡るビジネス環境や市場も徐々に変化遂げ，新たな種類のデータを収集し学習させる必要も出てくる。その結果，顧客への価値の増大を達成するために必要なデータの量と費やす時間を十分に分析する必要がある。これは簡単な業務ではないが，AIスタートアップの事業を模倣しようとする他社が，自社のAIシステム，AIモデルのパフォーマンスの水準に合わせるためにはどれくらいのデータ量と時間を必要とするのかを明らかにすることと同意になるのである。

　AIビジネスの立ち上げに必要な高度な先行作業は，その殆どがサービスビジネスのようであり，AIが市場に展開される前は，自社のAIシステム・AIモデルのデータを収集するために，一部の企業ではデータ収集のためのSaaSワークフローツール[2]を販売しており，そのワークフローツールを有償利用してもらうだけでも，有効な収益を達成することが考えられる。実際にそのツー

ルだけを開発し提供する専門企業まで現れつつある。これらとは逆に，AIス
タートアップが膨大な量のデータを生成し，時間の経過とともに強力なAIシ
ステム，AIモデルを生成しなければ，製品を模倣しようとする者に対して脆
弱となり，最終的には類似製品の出現で自社のシステムやモデルがコモディ
ティ化[3] してしまう可能性が出てくる。

図表 9 - 3　世界のAI市場規模

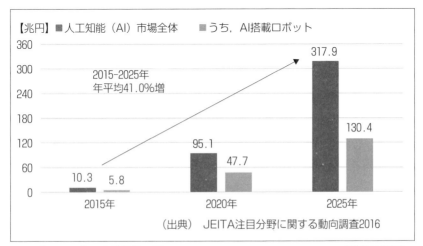

（出典）　JEITA注目分野に関する動向調査2016

2015年→2020年の市場規模予測。　　　　　　　　　　　　　　（単位は億円）

## ⑤　AIスタートアップ企業の種別

　多くのAIスタートアップの事業形態は，2種類のいずれかに当てはめるこ
とができると考えられる。一方は，科学的な論理主導のアプローチでAIモデ
ルを構築しモデルそのものを提供する企業であり，もう一方は，一般に企業が
有する具体的な課題について，独自もしくはオープンソース等を活用して学習
によりモデルを作り，システム化して有償提供するAIスタートアップである。
ここでは，前者を水平AIスタートアップ，後者を垂直AIスタートアップと呼
び種別することにする。

　水平スタートアップは通常まとまった資金が提供され（獲得し），それにより実施する学術研究プログラムや，例えば軍関係の課題解決プログラムから発展したものが多い。また当初は小さい規模の基礎研究であったが大企業により研究や企業そのものが買収され現在に至っているものも少なくない。

　垂直スタートアップはそれほど重要性が高くない一般的な研究から発生したものや，元来自己ニーズを解決しようとオープンソースAIを活用して出発した事業が主になる。したがってより少ない資金で活動を開始し，ビジネス展開に着眼して顧客となる特定企業の経営課題に対して技術を知的に適用することで解決することに焦点を当て事業化したものが主になっている。前掲したが，現在AIに関連するオープンソーステクノロジが急速に広がりを見せており，垂直スタートアップで必要なAIシステム・AIモデルを開発する機会はこれまでにない速度で増加している。

　今日，市場に多く見られるAIスタートアップは，ほぼ垂直スタートアップと考えられ，顧客の奪い合いが間もなく始まろうとしている。垂直スタートアップを展開する際の重要な留意点は，AIを適用して顧客企業の課題をいかに解決するのかと言うことに注力することである。水平スタートアップが当初独自の目的でテクノロジを研究してAIモデルを構築しているのに対し，垂直スタートアップではテクノロジを駆使してアルゴリズムを学習により高度化させることによって，顧客の課題を解決するためのAIモデルを構築している。更には，垂直スタートアップでは顧客を限定することによって，AIモデルの有するアルゴリズムを学習させるために必要なデータ数を最低限に制限することも可能になる。顧客にとってどのデータが重要であり，それらのデータがどのくらいの量必要なのか，垂直スタートアップではそれらを知ることによって可能な限り効率的な方法でAIモデルを高度化するトレーニングを行うことを目指すことになる。この結果垂直スタートアップには，競争優位が早くもたらされることになる。

　水平スタートアップは高度で特徴的なAIを保有することになるが，グーグル，フェイスブック，アマゾン，バイドゥのような大企業と競合関係になり，

企業価値は高いが競争優位を構築しにくい立場になって来ている。前掲した大企業は長期的に成功するための無限な人的資本と金融資本を有しており，自社の保有するAIを常に高度化できる環境を持っているため，大変厳しい競争が強いられることになる。

　一方で垂直スタートアップが，大企業が参入できないニッチな顧客に対するビジネスアプローチを提供している場合，大企業は敢えて競争を挑んでこないと思われる。彼らが通常行っているビジネスの規模から見れば余りに小さく，参入し競争する動機を見出しにくいからである。このように，垂直スタートアップは様々な顧客に受け入れられるAIシステムを構築し，持続可能なビジネスモデルを生み出すのではなく，非常に優れたとんがったAIシステム・AIモデルを保有し，他社への優位性とデータによる参入障壁を築くことが必要である。一方，水平スタートアップの戦略モデルとしては，敢えてであるがテクノロジを民主化し，自社のAIシステムやAIモデルをオープンにする，もしくは，敢えてオープンソースを使い機械学習とデータの整形に技術的な優位性を持つか，もう1つは保有するAIシステム・AIモデルの顧客（消費者）間に強力なコミュニティを構築する手法がある。強力なコミュニティの存在と簡単なユーザーインターフェースがあることによって，AIスタートアップは常に自社のAIを高度化でき，大企業と戦う体制を築き，強力なビジネスモデルを構築することが可能になる。

　垂直スタートアップにおけるAI開発・販売は，ビジネス実施の初期段階からターゲット業界のリーダー企業を顧客として呼び込むことにより，成功の可能性が高まると考えられる。AIシステムやAIモデルを構築するためには深い専門知識が必要であり，これに加えて販売を行う場合は，ユーザー業界内で信頼を得るヒューマンネットワークの構築が必要である。顧客業界内における課題の内容と保有する技術的専門知識をうまく噛合わせることができたAIスタートアップは，市場に設定したターゲットドメイン内で競争優位な立場を構築することが可能になる。

　しかし，AI市場における技術競争は苛烈で，ある企業がAIサービス事業で

良い結果を出すことができると直ぐに，多くの企業がその会社の技術を何とかコピーしようとして，類似のビジネスの展開を試みる。恐らく防御可能なAIビジネスは存在せず，むしろ複製が困難な独自の保有データに競争優位があると考えられる。決して極端ではなく，"今日の目新しさは明日のオープンソース[4]"であり，その速度は年々速くなっている。一方でAIスタートアップには皮肉なことだが，世の中では，AIを活用できた企業が"ハイテク企業"と呼ばれるようになるのである。

## ⑥　むすび

　AIスタートアップが世界で唯一無二の独自のAIシステム，AIモデル，アルゴリズムを有していることは，確かにあるのかも知れない。しかしその企業の製品が汎用的に色々な企業で活用できると言うのは，些か誇張があると思われる。AI産業はアカデミアの研究と近く，素晴らしい発見があればオープンソースにされるケースも少なくない。

　AI自体，学習によって生まれるものであり，先達の成果の上に学習や改良を進めて改善されるものでもある。最早，AIの研究開発で得られたものは包み覆い隠すものではなく，世界に点在する素晴らしい知識にその内容を高めてもらう方がはるかに有効であろう。また現在AIに参入している企業の中で，SaaSによるソフトウエアサービスを事業として行っていた企業も多いと思う。これらの企業は純粋なAI企業と言うよりは，情報サービスプロバイダーであり，コンサルタント企業であると言える。例え仮に，素晴らしいサービスを提供して顧客を捕まえていたとしても，そのサービスがクラウドコンピューティングを使って一気に提供できるものであれば，それらはGoogleやAmazonなどの超大企業に無料サービスとしてユーザーに提供されて，更には無償で提供されてしまっては，一機にコモディティ化してしまう可能性が大いにある。

　AIスタートアップにとって，これらの超大企業に買収される以外のゴールである，独自成長を遂げるために必要なものは，特定顧客との関係を深く構築して，無料のクラウドサービスでは提供できない価値を提供することに他なら

ない。無理に独自性や唯一無二を強く訴えるよりも，顧客にとっては是が非でも解決したい課題を理想的な形で解決できる方が魅力的なのである。AIスタートアップが有するビジネス機会は大きいが，その成功のカギは地道な顧客への価値提供にあると考えられる。


【脚　注】
1)　データベースやマークアップ言語の論理構造や物理構造などを定義し，記述したものである。
2)　企業内において，上長や他部門に対して行われる業務上の手続きを，あらかじめ定義したフローに沿ってシステム化することのできるツールを指す。
3)　マルクス経済学の用語。あるカテゴリ内の商品において，製造・販売元ごとの機能，品質等の属性と無関係に経済価値が同質化すること。
4)　ソースコード（コンピュータプログラムの文字列）を商用，非商用目的問わず利用することを許可し，利用者の権利を阻害することがないということが定義されたソフトウエアなどを指す。

（参考文献）
「AI白書2019〜企業を変えるAI世界と日本の選択」 2018 独立行政法人情報処理推進機構。
「ディープラーニング活用の教科書」 2018 日経クロストレンド。
「HUMAN + MACHINE 人間＋マシン –AI時代の8つの融合スキル」。
ポール・R・ドーアティ（著）,H・ジェームズ・ウィルソン
「Artificial Intelligence：A Modern Approach Third Edition」
　　Stuart Russell and Peter Norving 2016 person


（坂田　淳一）

# 第10講　フィンテック
## ―社会的問題の解決へ―

## ① フィンテックとは

　近年，フィンテック（Fintech）という言葉が日常的に新聞，雑誌等の多くの媒体でみられるようになり，それは定着した感がある。「フィンテック」とは，金融を意味する「ファイナンス（Finance）」と，技術を意味する「テクノロジー（Technology）」を組み合わせた造語である。フィンテックの定義は確立されていないが，ICT（Information and Communication Technology（情報通信技術））を活用した金融サービスのイノベーションと捉えることができる。実際にICT化の急速な進展を背景に，フィンテックベンチャーは顧客の新たなニーズと既存の金融機関により提供されるサービスの隔たりを埋めるようなイノベーションを興している。これまでは規制により保護されてきた金融機関が独占的に扱っていたサービス領域を，ICT化の進展によりベンチャー企業でも取り扱うことが可能になった。フィンテックベンチャーは決済，融資，送金，資産運用，保険等の金融サービスの一つに資源を集中することで，付加価値とコスト優位性を高めて，顧客視点からの金融イノベーションを追求している。

　さらに注目すべきは，フィンテックは先進国だけではなく，世界的に拡大しており，社会的な問題を解決する上で重要な役割を果たしていることである。具体的にはフィンテックはシリコンバレーに留まらず，欧州，アジア，アフリカと多くの国と地域で進展しており，このような流れは，「金融包摂（Financial Inclusion）」を促進させている。「金融包摂」とは，貧困層，難民，高齢者，中小・零細企業などに関わらず，誰もが取り残されることがなく，基本的な金融サービスにアクセスできるようにすることを意味する。対象として先進国の貧困層や中小企業も含まれる。フィンテックは，そのような金融包摂を促進させ

るための大きな役割を担っているのである。

## ② フィンテックの拡大

　フィンテックの拡大には以下のような2つの特徴が見られる。

　最初に，フィンテックの世界的な拡大は，主にフィンテックベンチャーにより先導されている点が挙げられる。従来まで，金融機関は高度なシステムを基盤に多くの固定型店舗とATM網を運営することによって多くのサービスを提供してきた。そして，とくに銀行は決済を独占的に扱っていることから，顧客情報を収集できるため，情報生産を可能にしてきた。しかしながら，ICT化の急速な進展により，顧客の情報収集・分析がフィンテックベンチャーにも容易に行えるようになった。つまり，ICTの発達は情報の非対称性を緩和させた。さらに，フィンテックベンチャーは後述する金融サービスのアンバンドリング（Unbundling）を促進させて，顧客の視点から決済などの一つの金融サービスに特化していった。これによりフィンテックベンチャーは金融サービスの高付加価値化を実現させて，顧客満足度も高めて，急成長を遂げたのである。

　次に，フィンテックは先進国のみならず，むしろ，金融システムが未整備の新興国や発展途上国で急速に発展している点が特徴として挙げられる。それらの多くの国々では金融インフラは未発達である。2018年の世界銀行グローバル・フィンデックス・データベースによると銀行口座を保有しない成人の数は依然として17億人に上り，現金での取引に頼らざるをえない。しかしながら，フィンテックは数多くの店舗や人材ならびにATM網などの金融インフラを保有しないベンチャー企業でも金融サービスを提供することができる。従来，貧困により金融サービスを享受できなかった人々に対しても，携帯電話を通じて，簡単で安価な金融サービスが普及することになる。すなわちこれは貧困層や中小・零細企業など，これまで基本的な金融サービスにアクセスすることが難しかった層に対して，手頃なコストでそれを提供するという「金融包摂（Financial Inclusion）」が進んでいるということである。

### ③　金融機能のアンバンドリング

　フィンテックが提供する金融サービスは金融機能のアンバンドリングによって説明されることが多い。アンバンドリング（アンバンドル化）とは直訳すると，「分解する」という意味である。それは国際分業を説明するときに使用されるし，ミクロ的にはバリューチェーンの分解等でも用いられる。中田（2008）によると，IT革命によってモジュール化が進行し，バンドル化されていたものがアンバンドル化されるようになった。アンバンドル化によって，その単体としての機能の価値が明示され，さらにはその価値創造と向上を求めて新規参入が発生する。新規参入が増加すれば，競争が発生し，サービスの品質の向上も促すことになり，サービスが独立した事業としてさらに魅力あるものに変容する。これはまさに現在までのフィンテックの拡大の流れを説明している。

　金融機能のアンバンドリングという考え方は，これまでデリバティブ（金融派生商品）を説明する際に用いられてきた。たとえば，資金調達・運用に関わるリスクを信用リスクや金利リスクなどにアンバンドル化し，それぞれを個別に取引できるようにしたものがデリバティブであると考えられる。

　そして，ICTの急速な発展や取引コストの低下により，それは他の金融領域にも波及し始めるようになった。理論的には，銀行固有の本質的な機能は資金の仲介と決済である。資金仲介機能は主に家計などの資金余剰部門から銀行が資金（預金）を受け入れ，企業や国などの資金不足部門に対して貸出を行うことで資金の橋渡しをすることである。資金決済機能は複数当事者間の取引を効率的に完了させるために資金を移動させる「経済のインフラ」としての役割を果たす。これまで，主に銀行が資金決済機能を担うことによって，融資を実施する際の与信判断に関して情報生産を独占できたわけである。以上のように資金仲介と資金決済の両機能を銀行が一体化して運用することは，仲介機能と決済機能の「バンドリング（Bundling）」と考えられる。近年，その銀行のバンドリングがアンバンドル化されるようになってきているのである。具体的に元々は銀行が提供してきた総合金融サービスをアンバンドル化し，ICTを活用しな

がら付加価値を高めて個別最適化しているのである。これは，証券，保険等の他の金融領域においてもみられる。ここで重要な点は，金融のアンバンドリングはあくまで顧客の視点からの再構築を促すことである。

## 4　リープフロッグ現象とリバース・イノベーション

### (1)　リープフロッグ現象

　ベンチャー企業がフィンテックの拡大を先導している大きな要因として，ICT化の急速な進展とスマートフォン経済の世界的な拡大が挙げられる。これにより新興国・発展途上国のベンチャー企業が金融サービスを提供することが可能になり，フィンテックは急速に普及し，いわゆる「リープフロッグ」（蛙跳び）と呼ばれる現象が発生している。これは，新技術を取り入れた新興国や発展途上国が，発展過程を経ずに上位の段階を飛び越えて進歩してしまうことを意味する。

### (2)　リバース・イノベーション

　現在，リバース・イノベーションがフィンテックの領域でもみられるようになった。リバース・イノベーションとは，新興国・発展途上国のニーズから開発した簡便かつ安価な製品や技術，サービスを，先進国市場に普及させてグローバル市場のシェアを拡大する戦略のことを指す。その中でも，インドとケニアのケースは興味深い。

　最初にインドのケースについて取り上げる。同国のフィンテックの普及率は極めて高い。EY（アーンスト・アンド・ヤング）が2017年に発行した報告書「EY FinTech Adoption Index 2017」によると，2017年段階のインドのフィンテックの導入率は52％と過半数に達しており，69％の中国に次いで世界第2位となっている。

　従来までは現金での取引を主流としていたインド経済は，2010年以降のスマートフォンの普及とECサイトの台頭に伴い，政府の政策による後押しもあって，キャッシュレス経済への転換が進んだ。そして，2016年の高額旧紙幣

廃止以降は，その発展に拍車をかけた。さらに，インドの成人人口の99％をカバーする生体認証IDカードである「Aadhaar[1)]」と2016年「UPI：Unified Payment Interface[2)]」が導入されたことによってデジタル決済が進展した。

　PayTMは，2010年に設立されたインド最大の決済サービスを提供する企業であり，ユーザー数は３億人を超える。社名のPayTMはPay Through Mobileの略で，モバイルを通じて支払うという意味である。インド最大の通信情報企業であるOne 97 Communicationsが親会社で，本社はインドのデリー首都圏にある。ユーザーはクレジット・デビットカード情報をPayTMのアプリに紐付けすることによって，電気，ガス，水道などの公共料金の支払いから買い物まで様々な決済を携帯電話から行うことが可能になっている。

　リバース・イノベーションの例として，ソフトバンクとヤフーが2018年６月に設立した合弁会社である「PayPay（ペイペイ）株式会社」が挙げられる。同社は2018年秋からバーコードやQRコードを使って決済できる新たなスマホ決済サービス「PayPay」を提供した。このサービスはPayTMの技術やノウハウを活用している点で，リバース・イノベーションの典型的な例と考えられる。PayTMはもともと中国のアリババ集団傘下のアント・ファイナンシャルからの出資を受け，彼らの技術を基盤にインドで製品開発を行い，インドから海外に展開した。つまり，新興国の技術が国ごとの市場の状況に合わせて伝播し，日本へ導入されることになったのである。

　次にケニアのサファリコム（Safaricom）が提供するM-Pesaのケースもリバース・イノベーションの事例としてよく取り上げられている。上記のケースとの違いは，スマートフォンではなく携帯電話が主にフィンテックで活用されていることである。M-PesaのMはモバイル，Pesaはスワヒリ語でお金を意味する。世界情報通信事情によると，2015年６月末現在，ケニアの携帯電話加入者数は約3,611万，普及率は約84％である。加入者の97％がプリペイド・サービスを利用している。そして，サファリコム，Airtel，テルコム・ケニア（ブランド名オレンジ）が市場に参入している。また，2014年３月末時点のケニア国内のインターネット・サービス加入者は約1,992万4,000人で，うち99％をモバイル・

インターネット加入が占めている。サファリコムは，数百万人のケニア国民が国内でモバイル・ウォレットによる金融サービスを受けることができるよう支援し，毎年17億件以上の取引がM-Pesaで処理されており，これはケニアのGDPの50％以上に相当する[3]。根本（2018）によると，ケニアから，タンザニア，アフガニスタン，南アフリカ，インド，ルーマニア，アルバニア，エジプトなど，アフリカ諸国だけでなく東欧諸国やアジアへと輸出され，海外に広まっている。これもまさにリバース・イノベーションの例である。

M-Pesaの画期的な点は，銀行口座を持っていなくても，携帯電話のショートメッセージを用いて，容易にかつ安全にモバイルでの送金やお金の受け取り，支払いを可能にした点にある。仕組みとしては，送金したい人が最寄りのサファリコムの窓口やM-Pesaの代理店に現金を預けると，受取人の携帯電話に送金番号や暗証番号が記入されたSMSが送信される。受取人は，受信したSMSや身分証明書などを最寄りのサファリコムの窓口や代理店に提示すれば，現金を受け取ることができる。銀行へのアクセスができない貧困層や低所得者に対しても身近で簡単な金融取引を可能にしたため，ケニア全土で利用者が急速に拡大した。

以上のように新興国・発展途上国でのフィンテックによるリバース・イノベーションは目覚ましい。この要因として，以下の点が挙げられる。

最初に新興国・発展途上国の場合，金融インフラが先進国のように整備されていないことや，金融規制が相対的に厳しくない点が挙げられる。インフラが整備されていないゆえ，先進国では思いもしない課題が数多くあり，これを解決するための新規のアイディアが必要とされるわけである。そこに新たなビジネスモデルや最先端のテクロノジーが導入されることにより，イノベーションが発生し，潜在的な需要が高まっていったと考えられる。

次に，新興国において新しいビジネスモデルを産み出すフィンテックベンチャーは，革新的なICTを活用した顧客サービスを短期間で創造していることである。加えて，彼らはデータの収集と分析，新技術の活用が得意である。そのため，導き出されたデータ分析の結果を基盤に，ビジネスを即座に既存の

金融機関以上に展開することができる。このことから，フィンテックベンチャーはリスク許容度を高めることができるのである。

## 5　金融包摂の促進

　前節で紹介したケースは，世界の金融包摂と呼ばれる社会的問題を解決する上でも重要なインプリケーションを我々に与える。柏木（2016）によると，金融包摂の対象となる金融サービスには，「預金ができる口座」「適正な金利で行われる融資」「怪我や病気や死亡，または天候不順や不作などに備える保険」「安全かつ素早い支払・送金手段」などが含まれる。これは新興国・発展途上国だけではなく，先進国においても発生している問題である。つまり世界中で適切な金融サービスを受けることができない人々が多数存在しているのである。金融包摂は，世界銀行グループの研究機関CGAP（Consultative Group to Assist the Poor)が，2006年に「包括的な金融システム（Inclusive Financial System）」というコンセプトを発表したことで，注目を集めるようになった[4]。CGAPは，金融サービスへのアクセスの提供によって貧困層の生活を改善することに取り組んでいる。

　金融包摂とフィンテックの親和性は極めて高い。むしろフィンテックが存在しなければ，金融包摂はほとんど進展しないと考えられる。この背景として既に述べたように，ICT化の進展とスマートフォンならびに携帯電話の普及が挙げられる。これにより，店舗やATM等の金融インフラの整備が進んでいない新興国・発展途上国でも，アプリやショートメッセージを通じてのモバイル決済や送金など広範な金融サービスへのアクセスが可能になった。そのため，新興国・発展途上国を含めた世界中の多くの人々に対して金融サービスへアクセスする機会が与えられるようになったのである。

　さらに，フィンテックは多額の費用を要する金融インフラを必要としないために，迅速なサービスの展開を可能にする。その展開の早さは，金融包摂を進展させるという点で大きなメリットになっている。

　前節の事例でもインドのPayTMとケニアのサファリコムのM-Pesaのケー

スは金融包摂を促進していた。前者のPayTMは，銀行口座やクレジットカード普及率の低かったインドで，金融サービスへアクセスできない多くの貧困層の人々に対して，即座に低コストでのモバイル決済や，既存のATM・小規模小売店チャネルでのデポジットを可能にした。後者のM-Pesaは，銀行へのアクセスができない貧困層や低所得者にとっても身近で簡単に金融取引を可能にした。その結果，サービスの開始時である2007年のユーザー登録者数は100万人であったが，2018年には，登録ユーザー数が約2,400万人にまで達して，M-Pesaはケニア国民にとって必要不可欠な経済インフラとなっているのである。

　このように，低コストで簡便なフィンテック企業による金融サービスが，従来までの金融サービスへのアクセスを持たなかった人々に提供されることで，資金ニーズは増大し，金融以外の投資機会も大幅に拡大していくのである。つまり，フィンテックは金融包摂を後押しし，現在銀行等の伝統的な金融機関へのアクセスがない人々の資金需要に応え，経済成長や貧困削減，所得格差の是正にも大きく貢献すると考えられる。

【脚　注】

1)　10年ほど前までは，インド国民の約半数は，公的な身分証明書を保持していなかった。そのため戸籍のない人々は，銀行口座等の金融サービスを受けることが困難で，税金の徴収対象にもなっていなかった。この問題を解決するため，2009年にインド政府は，指紋と網膜情報に基づいたデジタルIDを全国民に配布することを目的として，Aadhaar（アドハー）と呼ばれる国民IDシステムを導入した。その結果，インド政府は2016年までに約11億人の国民にデジタルIDを発行した。

2)　UPIは，詳細な個人情報を入力する必要はなく，Aadhaarで給付されたデジタルIDや，電話番号だけで送金を行うことを可能にした。これにより，キャッシュレス決済の手続きが容易になり，取引の安全性も確保されて，貧困層もキャッシュレス決済を利用することができるようになった。

3)　ペイメントナビ編集部ナビ　https://www.paymentnavi.com/paymentnews/78740.html

4)　根本（2018），p.36。

**（参考文献）**

ウェスタンユニオン　ホームページ

　　https://www.westernunion.com/jp/en/home.html　2018年11月10日アクセス。

柏木亮二（2016）「金融包摂の鍵となるFinTech」NRI金融IT部門。

　　http://fis.nri.co.jp/ja-JP/publication/kinyu_itf/backnumber/2016/10/201610_7.html

株式会社　情報通信総合研究所（2014）「開発途上国におけるICT利活用の現況等に関する調査研究の請負」。

　　http://www.soumu.go.jp/johotsusintokei/linkdata/h26_01_houkoku.pdf

経済産業省（2017）「FinTeckビジョン（FinTechの課題と今後の方向性に関する検討会合報告）」。

　　http://www.meti.go.jp/press/2017/05/20170508001/20170508001-1.pdf　2018年10月5日アクセス。

清水啓典（2016）「フィンテックと金融サービスの顧客価値」『現代的な「金融業」のあり方～顧客価値を創造する金融業の拡大～』金融調査研究会報告書（56），2016年9月，第1章，全国銀行協会。

　　https://www.zenginkyo.or.jp/fileadmin/res/news/news280916_3.pdf

清水啓典（2018）「第4次産業革命と金融業－取引コストの低下と経済理論－」『キャッシュレス社会の進展と金融制度のあり方』金融制度調査報告書，2018年7月，第2章，全国銀行協会。

　　https://www.zenginkyo.or.jp/fileadmin/res/news/news300731_3.pdf

世界情報通信事情

　　http://www.soumu.go.jp/g-ict/country/kenya/detail.html#mobile

総務省（2015）「開発途上国におけるICT利活用の現況等に関する調査研究の請負」。

髙島浩（2016）「フィンテックとは何か，なぜ注目されるのか－欧米における動向と国内金融機関への示唆－」『農林金融』農林中金総合研究所。

　　https://www.nochuri.co.jp/report/pdf/n1604js1.pdf

遠山正朗，桐生紘輔，長谷川雄亮　他（2005）「中小企業白書における企業間関係に対する一つの理論的接近」『長岡技術科学大学言語・人文科学論集』第19巻，pp.43-57。

中田善啓（2008）「プラットフォーム媒介ネットワークとビジネス・イノベーション」『甲南経営研究』第49巻　第1号，pp.1-39。

根本忠明（2018）「IT新時代とパラダイム・シフト　第100回　新興国のモバイル送金が金融包摂を実現」WebComputerReport, pp36-38。

　　http://www.jmsi.co.jp/nemoto/nemoto2018-03.pdf

ペイメントナビ編集部ナビ

　　https://www.paymentnavi.com/paymentnews/78740.html

宮将史（2017）「フィンテックがもたらすもの，今後の展望」『統計』2017年8月，pp.35-40。

Business Wire（2018）「ウェスタンユニオン，サファリコムのM-PESAモバイル・ウォレットを強化し，国際送金を可能に」A Berkshire Hathaway Company

Ernst & Young（2017）「EY FinTech Adoption Index 2017」
　　https://www.ey.com/Publication/vwLUAssets/ey-fintech-adoption-index-
　　2017/$FILE/ey-fintech-adoption-index-2017.pdf　2018年11月5日アクセス
Peter Rudegeair（2018）「PayPal Makes a Move Toward Traditional Banking」THE
　　WALL STREET JOURNAL
　　https://www.wsj.com/articles/paypal-makes-a-move-toward-traditional-
　　banking-1523266200
Safaricom_2017_Annual_Report
　　https://www.safaricom.co.ke/images/Downloads/Resources_Downloads/
　　Safaricom_2017_Annual_Report.pdf　2018年12月5日アクセス

**（参考資料）**
https://economictimes.indiatimes.com/small-biz/startups/newsbuzz/india-leads-world-
　　in-fintech-investment-returns-uk-report/articleshow/62648440.cms

（境　　睦）

# 第11講　クラウドファンディング Ⅰ
## "Cloud Funding Ⅰ"

## 1　はじめに

　企業にとって事業に必要な資金を確保することはとても重要なことである。従来，企業の資金調達は，金融機関からの借り入れや，ベンチャーキャピタル・エンジェル投資家からの出資，政府・自治体からの補助金・助成金などを活用して行われてきた。しかし，ベンチャー企業，特に創業期や成長初期の企業は，事業の安定性や成長性を示す売上や利益などの実績が少ないため，金融機関やベンチャーキャピタルにとっては資金提供の判断が難しい企業である。しかし，フィンテック（Fintech：financial technology）が進展し，銀行や証券会社などの伝統的な金融機関だけでなく，さまざまな事業者が金融サービスを提供するようになった。この金融サービスの変化の中で，クラウドファンディングや，ビックデータ・AIを活用し，取引データの分析結果にもとづいた融資を行うレンディングサービスなど，新しい資金調達方法の活用が拡大している。それにともない，従来資金調達の難しさを理由に創業をあきらめていた企業のビジネス創出機会を増やしている。本講では，クラウドファンディングが，ベンチャー企業を取り巻くビジネス環境にどのような影響を与えているかを考える。

## 2　クラウドファンディングとは

　クラウドファンディングは，インターネットを利用して広く不特定多数の人から少額資金を調達するしくみである。社会貢献事業への寄付や事業化初期段階の製品やサービス開発への出資など，今まで資金調達が難しかった小規模プロジェクトへの資金供給が拡大している。クラウドファンディングには寄付型，

購入型，投資・ソーシャルレンディング型，投資・ファンド型投資，株式型の
5つのタイプがあり，資金の使途・金額・期間などによって利用するサービス
が異なる（図表11-1）。

図表11-1　クラウドファンディングのサービス形態

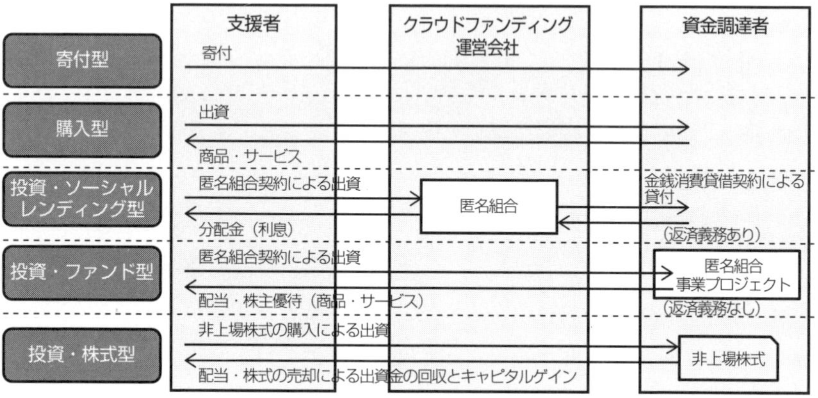

（出所）　筆者作成。

## ③　ベンチャー企業に対するクラウドファンディングの
インパクト

2011年頃より，ものづくり支援や地域支援などそれぞれの目的や特徴を持っ
たクラウドファンディングサイトが次々と開設されている。これらのクラウド
ファンディング事業者が提供するサービスから，クラウドファンディングがベ
ンチャー企業に対してもたらすインパクトについて考察する。

### ⑴　株主価値経営から共感価値・社会的価値経営への転換

多くの日本企業では長年続いた銀行と企業・企業間の株式の持ち合いが低下
し，外国人投資家や年金基金など機関投資家からの資金調達が増加した結果，
株主価値の向上を重視した経営が行われるようになった。しかし，クラウド
ファンディングでは，提供する商品やサービスに対して，共感する支援者を多

く集めることができたプロジェクトのみが，資金調達することができる。その
ため，支援者との「共感」がクラウドファンディングにおける資金調達成功の
カギとなる。

　また，クラウドファンディングサービスでは数多くの地域貢献や社会貢献に
関連するプロジェクトを取り扱っており，プロジェクトの起案者だけでなくそ
れをサポートする支援者の関心が高い分野とも言える。さらに，クラウドファ
インディング事業者自身も，社会的価値の高いプロジェクトを支援するため，
それらのプロジェクトに関する優遇手数料の設定や，「持続可能な開発目標
（SDGs）」をプロジェクトの評価軸の一つとして採用するなど積極的なサポー
トを行っている。

　今後，クラウドファンディングによる資金調達の規模が拡大するにつれ，さ
らに企業は支援者との共感やプロジェクトの社会的価値を意識せざるをえなく
なってくるだろう。そして，企業経営は，株主価値経営から共感価値・社会的
価値経営へと変化し，その評価基準も株主資本利益率（ROE）や経済的付加価
値（EVA）といった株主重視の指標ではなく，プロジェクトや商品・サービス
そのものの共感価値や，SDGsなどで示されるプロジェクトの社会的価値が経
営指標となっていくであろう。

### (2)　共感価値がもたらす企業信用基準の変化

　クラウドファンディングは，プロジェクトや商品の立ち上げなどに必要とな
る一時的な資金ニーズに対応している。一方，運転資金など継続的に利用可能
な資金に対する企業ニーズも高い。そのため，クラウドファンディング事業者
は銀行との提携を進め，優れた商品・サービスを持ちながら資金調達が困難で
あった個人や企業へクラウドファンディングで一時金を提供し，さらに銀行が
継続的な資金を融資するといった緩やかな役割分担が整い始めている。従来か
ら銀行は，企業の財務状況だけでなく，その企業が持つ事業の価値や成長性な
ども加味して，融資を行うことを要望されてきたが，事業や商品・サービス自
体を目利きできる人材の確保など課題が多かった。しかし，クラウドファン

ディングサービスを活用し，プロジェクトが集める支援者数や支援金額を評価することで，客観的にそのプロジェクトの魅力や価値を把握でき，金融機関は追加融資の判断がしやすい。さらに，CAMPFIREは，クラウドファンディングにおける支援（総額・人数）をスコアリングした評価型与信モデルを構築し，CAMPFIREのクラウドファンディングサービスを利用したプロジェクト実行者や支援者に直接融資可能なレンディングサービスを提供している。

　これらのことは，共感価値が融資対象企業へ信用を付与していると捉えることができ，企業を評価する上での信用基準のあり方に変化をもたらしていると言える。

### (3)　大企業系列の枠組みからの脱却

　クラウドファンディングサービスでは，資金調達だけでなく，資金調達完了後，量産された商品を販売するネットショップの提供や，百貨店などの小売店と連携しリアル店舗での展示や販売も行っている。さらに，企画から製造，小売までを一貫して行う製造小売業に近いビジネスモデルを緩やかに形成している事業者もいる。例えば，Makuakeは，ファッション関連商品について資金調達だけでなく試作，マーケティング，プロモーション，量産までトータルサポートする体制を実現している。今までファッション業界は，流行品を大量生産しながら，売れ残った大量の商品を廃棄するという悪循環を繰り返していたが，このしくみを活用すれば，必要な数だけ商品を生産することができる。今後，このようなしくみがさまざまな事業分野で形成されてくれば，生産体制を持たない企業も，クラウドファンディングで資金と顧客（支援者）を獲得し，さらに商品を受注生産し，販売することができる。

　これは，大手企業系列という枠組みに入らずとも，企業が消費者のニーズに対応した商品を企画し，資金と顧客（支援者）を事前に獲得し，予約販売の形で商品の製造を行うことが可能となることを示す。結果として，商品の廃棄量の削減により，無駄なコストや環境負荷も軽減でき，最終的には商品に転化されるコストも削減される。

## 4　クラウドファンディングがもたらす社会変化

　情報通信技術の進展により金融サービスが変化し，ベンチャー企業の新たな資金調達の方法として定着しつつあるクラウドファンディングだが，資金調達の多様化にとどまらず，企業経営や企業信用のあり方の転換，大企業系列の枠組みに頼らないサプライチェーンの実現など，ベンチャー企業のみならず，社会全体にも影響をもたらしつつある。クラウドファンディングは，もの・サービスを提供する企業と，共感によってそれらを購入する支援者をネットで直接結びつけ，余分な仲介者を排除することで，サプライチェーンの製造・販売・消費という各プロセスの距離を縮めた小さな経済圏を生み出している。今後，このような小さな経済圏が消費者ニーズに合わせて多様化・増加し，今まで主要な企業がコントロールしてきた大きな経済圏とは異なるビジネスの枠組みを形成していく可能性がある。しかし，この小さな経済圏では，企業が自由に創造性を発揮できるようになると同時に，より近くなった消費者と直接向き合いながら共感を獲得していく必要がある。そのため，企業は消費者に対してごまかしのない「経営」と「ものづくり」を実現していくことが一層求められる時代がやってくるだろう。

**（参考文献）**

企業財務と証券市場の研究　2018年11月　坂本恒夫／鳥居陽介〔編著〕中央経済社。
CAMPFIRE ホームページ　https://campfire.co.jp.
Makuake　ホームページ　https://www.makuake.com.

（赤星　里恵）

# 第12講　クラウドファンディング Ⅱ

## 1　ベンチャービジネスの資金調達の変化

　企業経営において経営資源の1つである資金は必須であり，その源泉は自己の事業活動を通じて獲得する資金，すなわち内部資金調達（自己金融）もしくは証券市場や金融機関から資金調達をする外部資金調達（外部金融）である[1]。特に上場企業は証券市場を通じて株式や社債を発行するシステムが機能しており，調達手法は多岐にわたる。

　一方，中小企業や従来のベンチャービジネス（以下，ベンチャービジネス）はその多くが上場していないため証券市場からの資金調達を実質的には活用できない。中小企業の資金調達は金融機関からの借入をメインとしており，ベンチャービジネスは金融機関から資金調達の他に，公的なベンチャーキャピタルや民間のベンチャーキャピタルからの出資や借入，ファンドからの出資により資金調達を行っている（図表12-1）。

　さらに最近になって既存の中小企業やベンチャービジネスとは異なった資金調達を行う企業層が登場してきた。それらは金融機関からの資金調達のみに依存せずに，クラウドファンディングを活用して資金調達を行っているという特徴を有しており，これを新ベンチャービジネスと呼ぶことにする。新ベンチャービジネスはベンチャーキャピタルやファンドからの出資も受けるが，クラウドファンディングを用いて資金調達を行うことが特質である。

　こういった動きは，従来の金融機関からの資金調達といった間接金融主体から，上場していない企業（未上場企業，未公開企業）には閉ざされていた直接金融による資金調達が可能となるといった選択肢拡大の兆候であろう。

図表12－1　中小企業・ベンチャービジネス・新ベンチャービジネスの資金調達先

| | 金融機関 | VC | ファンド | クラウドファンディング |
|---|---|---|---|---|
| 中小企業 | ○ | | | ○ |
| ベンチャービジネス | ○ | ○ | ○ | |
| 新ベンチャービジネス | ○ | ○ | ○ | ○ |

（出所）　筆者作成。

　資金を投資する立場（投資者）に立つと資金回収を念頭に置かなくてはならない。ベンチャーキャピタルがベンチャービジネスへ出資する場合，資金の回収方法は，かつてはIPOがその上位に挙げられていた。ベンチャーキャピタルはベンチャービジネスが未公開時で株価が低額なうちに出資して株式を取得し，その企業がIPOしたときに保有する株式を売却しその差額を得て収益をあげるビジネスモデルである。

　しかし，その出口である新興市場の状況を見ると，IPO数や上場企業数は横ばいである。図表12－2および12－3は，日本取引所のうち東京証券取引所の新興市場であるマザーズとJASDAQのIPO企業数と上場会社数の推移を示したものである。IPO数についてはマザーズとJASDAQともに増減を繰り返しながらほぼ横ばいである。上場会社数について，マザーズは2014年から2018年にかけて85社増加したものの，JASDAQ（スタンダード）は2014年と2018年を比較すると140社減少し，JASDAQ（グロース）では11社減少している。このように新興市場への上場企業数は増加傾向にあるとは言えず，横ばいの状態が継続している。つまり，ベンチャービジネスの出口戦略として新興市場への上場が拡大しているとは言えず，ベンチャーキャピタルの資金回収策としてIPOが機能している状況ではない。このことから，ベンチャーキャピタルからのベンチャービジネスへの資金供給が低迷している懸念があるといえよう[2]。

図表12－2　東京証券取引所新興市場のIPO数推移

| 年　末 | 2014 | 2015 | 2016 | 2017 | 2018 |
|---|---|---|---|---|---|
| マザーズ | 44 | 61 | 54 | 49 | 63 |
| JASDAQ | 11 | 11 | 14 | 18 | 14 |

（出所）　日本取引所のHPをもとに筆者作成。
（www.jpx.co.jp/equities/listing-on-tse/new/basic/04.html 2019年2月3日アクセス）

図表12－3　東京証券取引所新興市場の上場会社数推移（社）

| 年　末 | 2013 | 2014 | 2015 | 2016 | 2017 | 2018 |
|---|---|---|---|---|---|---|
| マザーズ | 191 | 205 | 220 | 228 | 247 | 275 |
| JASDAQ<br>（スタンダード） | 828 | 798 | 747 | 713 | 707 | 688 |
| JASDAQ<br>（グロース） | 48 | 45 | 44 | 43 | 41 | 37 |

（出所）　日本取引所のHPをもとに筆者作成。
（https://www.jpx.co.jp/listing/co/index.html 2019年2月3日アクセス）

　また，資金を投資する際の判断基準や判断材料も中小企業，ベンチャービジネスそして新ベンチャービジネスとでは異なっている（図表12－4）。中小企業に資金を供給する場合について金融機関を投資者と仮定してみると融資という形態をとり，その際の判断基準は返済可能かどうかのための安全性や収益性であり，判断資料は財務諸表や保全（不動産や保証）となる。ベンチャービジネスへの投資判断基準は投資を回収するための成長性や収益性となり，その判断材料は財務諸表やベンチャービジネスが有する技術力を用いることとなる。

　では，新ベンチャービジネスへの投資判断基準を考えてみると，安全性や収益性が看過されないが，最優先される項目ではない。成長性も判断基準ではあるが，それよりも投資する側への共感性や魅了性をその企業が有しているかどうかが優先事項としてあげられる。判断資料については財務諸表や技術力も活用されるが，事業として始まっていない場合もあることから，投資家へアピールする力（PR力）が新ベンチャービジネスにとっては重要な事項となる。極論を言えば，いくら技術力を有している企業であっても，投資家にとって投資に

値すると意思決定させるだけの"共感性"を有していない場合には，その企業は資金調達の手法が従来のものに限定されてしまう。

図表12-4　投資判断基準と判断資料の相違

| 投　資　先 | 投資判断基準 | 判　断　資　料 |
|---|---|---|
| 中 小 企 業 | 安全性・収益性 | 財務諸表・保全 |
| ベンチャービジネス | 成長性・収益性 | 財務諸表・技術力 |
| 新ベンチャービジネス | 成長性・共感性 | 財務諸表・技術力・PR力 |

（出所）　筆者作成。

## ②　クラウドファンディングとは何か

クラウドファンディングには5つの形態が存在しており，①寄付型，②購入型，③貸付型，④事業投資型，⑤株式投資型に分類できる（図表12-5）。

寄付型と購入型はリターンがなかったり金銭以外がリターンとなる。寄付型は，資金調達者の事業や活動に賛同した投資者が金銭等を寄付する形態でリターンを求めず，資金調達者は寄付金収入となる。購入型は，資金調達者がアイデアの商品化や事業化を説明し，それに賛同した投資者が投資し，商品化等が実現した場合，これをリターンとして受け取る。資金調達者は前受金として資金を計上し，商品等を投資者に受け渡した際に売上として計上する。

次にファンド型は事業投資型と貸付型に分類できる。事業投資型は，資金調達者と投資者が匿名組合を用いてファンドを組成し資金調達者が運営者となる。集まった資金を活用して運営者が事業を行い，事業から得られた収益を財源として投資者にリターン，財産の分配を行う。資金調達者が匿名組合を組成し投資者を募る場合，この事案は金融商品取引法の規制の対象となるため，第三者である仲介者（この場合，クラウドファンディングのプラットフォームを運営する事業者）へ取得勧誘を委託する。これにより資金調達者が第二種少額電子募集取扱業者の登録の必要はなく，仲介者が第二種少額電子募集取引業者の登録をして勧誘を実施する。

貸付型はソーシャルレンディングとも呼ばれ，クラウドファンディングを運

営する会社（運営者）が匿名組合を組成し投資者から資金を集め，その資金を
元手に貸付を実施する。貸付先が支払う金利収入を財源に投資者には利息を支
払う。運営者は匿名組合を組成するため第二種少額電子募集取扱業者の登録が
必要となり，また集めた資金を資金調達者に貸し付けるため貸金業の登録も必
要となる。貸付型は資金調達者に資金を投資するかを投資者が直接決定するわ
けではなく，匿名組合に資金を提供し，匿名組合の運営者がどこに投資するか
を決定するため，投資者と調達者との関係性は希薄となる。

　株式投資型は，未上場企業の株式等についてネットを介してクラウドファン
ディング運営会社などが投資者へ投資勧誘を行うものである。これまで日本証
券業協会の自主規制により未上場企業の株式の勧誘は原則禁止となっていた。
また，株式の募集，取得勧誘は第一種少額電子募集取引業者の登録が必要であ
り，業者には最低資本金5,000万円といった自己資本規制や兼業制限などの規
制があった[3]。しかし，2014年の金融商品取引法の改正が成立したことで少額
（募集総額1億円未満，一人当たり投資額50万円以下）の投資型クラウドファンディ
ングを取り扱う事業者の参入要件が緩和された[4]。この改正により，第一種少
額電子募集取扱業者及び第二種少額電子募集取扱業者が創設され，取扱業者の
最低資本金基準が引き下げられることで，ファンド型および株式投資型クラウ
ドファンディングを扱うプラットフォームが増加することになり，参入障壁が
低くなった。一方では，投資者保護のため，プラットフォーム運営会社による
株式発行者に対するデューデリジェンスやプラットフォームを通じた適切な情
報提供等が求められるようになった。

図表12−5　クラウドファンディングのタイプ

| タイプ | | 調達者の財務 | 出資者との関係 | 投資先の決定権 | 投資家のリターン |
|---|---|---|---|---|---|
| 寄付型 | | 寄付金収入 | 直接 | 有 | なし |
| 購入型 | | 前受金→売上 | 直接 | 有 | 商品・サービス |
| ファンド型 | 事業投資型 | 共同出資 | 直接 | 無 | 分配金 |
| | 貸付型 | 借入 | 間接 | 無 | 利息 |
| 株式投資型 | | 株式へ出資 | 直接 | 有 | 株式インカムゲイン |

（出所）　筆者作成。

## ③　クラウドファンディングのスキーム

　クラウドファンディングは投資者と資金調達者をプラットフォームというネット上のサイトを介して結びつけ，そこで資金のやり取りを行う。いずれのクラウドファンディングのタイプにもプラットフォームが存在し，それを運営する会社が存在する。資金調達者は自分のビジネスプランをプラットフォーム上で説明し，調達目標金額，資金使途やリターンなどを明示する。かつては目標金額に到達しなければ投資者から資金調達者に資金が渡らない「All or nothing方式」であったが，最近は目標金額に達しなくとも資金が資金調達者に渡る「All in方式」も登場した。プラットフォーム運営会社は集まった金額に対して10％以上の手数料を徴収し，それを差し引いた金額を資金調達者が得ることになる[5]。

　クラウドファンディングのうち最も多い貸付型と最近登場した株式投資型のスキームを見ていこう（図表12−6）。まず貸付型のスキームは第二種少額電子募集取扱業者の運営会社が匿名組合を組成し，プラットフォーム上で投資者に対して予定投資利回りや投資対象を説明し資金を募る。運営会社は貸金業としても登録し，集まった資金を資金調達者に融資として金利5.5％以上で貸し付け，この際，保証会社による保証で保全を図る。プラットフォーム運営会社は

営業者報酬と事務手数料を得ることで収益を上げる。一方，資金調達者は金利以外に事務手数料や保証料の負担があるため，金融機関からの借入に比べると調達コストは上昇する。

図表12-6　貸付型の仕組み（不動産担保ローンの例）

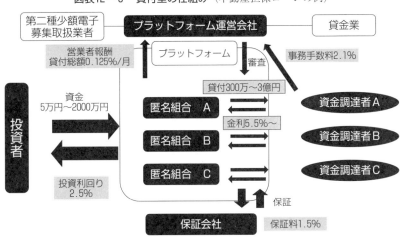

（出所）　筆者作成。

　次に株式投資型スキームを見ていこう（図表12-7）。金融庁は「新規・成長企業等と投資者をインターネット上で結び付け，多数の者から少額ずつ資金を集める仕組み」として投資型のクラウドファンディングの整備を進めるため2014年に金融商品取引法を改正し，これまで規制されていた株式投資型のクラウドファンディングを解禁した。プラットフォーム運営会社が第一種少額電子募集取扱業務を行い，資金調達者はプラットフォーム上で情報を開示する。金融商品取引法施行令により調達者は総額1億円未満を募集し，投資者は1人当たり50万円を上限として出資する[6]。その際，資金調達者は調達金額の21.6%を手数料として運営会社に支払い，残額を受け取る。例えば1億円を投資者が出資したとしても，資金調達者に渡る資金は7,840万円となる。発行される株式は普通株式のケースと新株予約権のケースがある。

図表12－7　株式投資型の仕組み

（出所）　筆者作成。

　株式投資型はクラウドファンディングの先進国であるアメリカでも2012年に制定されたJOBS法（Jumpstart Our Business Startups Act）により取り扱いが開始されており，日本では2017年よりプラットフォームが運営開始され，その実績は日本証券業協会が公表している（図表12－8）。日本証券業協会のHPによれば2017年の実績は，取扱件数は17件ですべてが成立し，実際に発行された株式価額の総額は472百万円である。2018年は取扱件数が45件でうち32件が成立し，発行価額の総額は1,173百万円となった。日本における株式投資型のスキームを取り扱っているプラットフォームは，㈱日本クラウドキャピタルが設立したFUNDINNOや，グリーンシート市場を創立した経験のある出縄良人氏が代表を務めるDANベンチャーキャピタル㈱が設立したGoAngel，ゴールドマン・サックス証券などの勤務経験者により設立されたエメラダ㈱が運営するEMERADA EQUITYなどがある。成立，不成立，新規発行株式数，募集価格，発行価額など株式投資型の案件に関する情報は，日本証券業協会が公表している[7]。

図表12－8　株式投資型の実績

| 年 | 取扱件数 | うち成立案件 | 目標募集額（千円） | うち成立案件 | 発行価額の総額（千円） |
|---|---|---|---|---|---|
| 2017 | 17 | 17 | 325,780 | 325,780 | 472,740 |
| 2018 | 45 | 32 | 903,324 | 634,920 | 1,173,705 |

（出所）　日本証券業協会HPのデータをもとに筆者作成。

## 4　クラウドファンディングの課題

　このようにクラウドファンディングの環境は年々整備されてきている。当初寄付型や購入型が注目されたことにより日本においても急速に拡大している。従来，中小企業の資金調達手法は金融機関に限定されてきたが，クラウドファンディングの進展によりその選択肢は多様化してきている。

　だが，クラウドファンディングを財務的に見てみるとその課題が顕在化される（図表12-9）。財務の4つの機能である利用可能性，流動性，収益性，経営権の視点から検討すると，まず寄付型はすべての資金調達者が利用できるわけではない。たとえば，公共的なミッションであれば賛同や共感を得られるかもしれないが，支払いや資金繰りに困窮しているという理由だけでは企業が投資者の共感を得て資金を獲得することは困難であろう。また，購入型ではB to Cというビジネスモデルの事業であれば消費者へのマーケティング効果で訴求しやすいが，ある一部分の加工に特化しているような企業や部品を製造しているような企業といったB to Bのビジネスモデルでは不特定多数の投資者には身近な商品やサービスではないことが多く，共感を得ることが困難である。すなわち，購入型を利用できるビジネスモデルは限定的であり，B to Cであること，さらに完成品を製造している事業ではないと共感されにくいのである。

図表12－9　財務の機能の比較

| | 利用可能性 | 流動性 | 収益性 | 経営権 |
|---|---|---|---|---|
| 寄　　付　　型 | × | ○ | ○ | ○ |
| 購　　入　　型 | △ | ○ | ○ | ○ |
| ファ　ン　ド　型 | ○ | ○ | × | ○ |
| 貸　　付　　型 | ○ | × | × | ○ |
| 株　式　投　資　型 | ○ | ○ | × | × |

（出所）　筆者作成。

　また，調達する側の業種によって調達できるかできないかの格差が存在しており，たとえその事業がB to Cであったとしても目標金額に達成せずに不成立になる度合いに偏りがあると推察する。図表12－10はアメリカのクラウドファンディングの大手プラットフォームのKickstarterのケースで，創立から2018年12月までのカテゴリ別の募集の目標金額に達成したかどうかを計算したものである。これによるとカテゴリによって未達成率がばらついており，ダンスやコミックなど一般大衆に共感を得られやすいカテゴリはその値が低い。一方，テクノロジーやジャーナリズム，クラフト，フードなどは未達成率が70％を超えており，こういったカテゴリは共感を得にくい分野であると考えられる。また，カテゴリ全体の達成率も36.62％と低く，クラウドファンディングによって各プロジェクトの資金調達が必ず達成できているとは言えない。これらのことから，クラウドファンディングによって資金調達可能なプロジェクトはその属するカテゴリによって左右されること，また，達成率も40％未満であることから，クラウドファンディングはすべての資金調達者の資金需要を満たすことはできないと示唆できる。

図表12－10　アメリカのKickstarterのカテゴリ別資金調達の達成・未達成

| カテゴリ | 達　成 | | 未達成 | | 合　計 | |
|---|---|---|---|---|---|---|
| | 件数 | 割合 | 件数 | 割合 | 件数 | 割合 |
| アート | 13,517 | 42.18 | 18,531 | 57.82 | 32,048 | 7.54 |
| クラフト | 2,422 | 24.48 | 7,473 | 75.52 | 9,895 | 2.33 |
| ゲーム | 15,798 | 37.77 | 26,033 | 62.23 | 41,831 | 9.84 |
| コミック | 7,287 | 56.77 | 5,550 | 43.23 | 12,837 | 3.02 |
| シアター | 6,883 | 59.81 | 4,626 | 40.19 | 11,509 | 2.71 |
| ジャーナリズム | 1,140 | 21.91 | 4,064 | 78.09 | 5,204 | 1.22 |
| ダンス | 2,486 | 61.87 | 1,532 | 38.13 | 4,018 | 0.94 |
| テクノロジー | 7,401 | 20.15 | 29,321 | 79.85 | 36,722 | 8.64 |
| デザイン | 12,757 | 36.67 | 22,031 | 63.33 | 34,788 | 8.18 |
| パブリッシング | 14,105 | 31.90 | 30,112 | 68.10 | 44,217 | 10.40 |
| ファッション | 6,981 | 26.24 | 19,619 | 73.76 | 26,600 | 6.25 |
| フォトグラフィー | 3,610 | 31.35 | 7,906 | 68.65 | 11,516 | 2.71 |
| フード | 6,766 | 25.02 | 20,279 | 74.98 | 27,045 | 6.36 |
| ミュージック | 28,719 | 49.65 | 29,122 | 50.35 | 57,841 | 13.60 |
| 映画＆ビデオ | 25,842 | 37.35 | 43,349 | 62.65 | 69,191 | 16.27 |
| 合計 | 155,714 | 36.62 | 269,548 | 63.38 | 425,262 | 100.00 |

（出所）　KickstarterのHPのデータをもとに筆者が計算し作成。

　次にあげられる課題は日本でのクラウドファンディングは貸付型が最も多く，その件数が増加している点である。前述したように貸付型は貸付元がクラウドファンディングで資金を募った匿名組合であり，資金調達者への資金の流れは金融機関からの融資と同じである。さらに，様々な手数料を加味すると，既存の金融機関からの借入金利よりも高く，またノンバンクからの借入金利と同等のレベルになり借入側の調達コストが上昇している。資金運用先として貸付型のファンドに投資を選択する場合，リターンが銀行預金などに比べて割高であるため検討に値するが，調達手段としては慎重に評価する必要がある。

　また，2017年より株式投資型が開始され，投資者と企業を結び付ける株式発

行市場としての機能はクラウドファンディングのプラットフォームの確立で整備されたが，流通市場としての機能は未整備である。そのため，株式投資型によって株式発行により資金調達が行われたとしても，投資側が保有する株式を売却するためには現段階ではIPOかM&Aに限定されている。株式を発行する企業側は返済せずに済む資金の獲得に成功するが，投資側の資金回収についてはIPOやM&Aで売却されない限り株式の処分が困難である。

　最後に，クラウドファンディングの進展によって中小企業や未公開企業，新たに事業を始める人たちの資金調達環境が改善され，金融機関など間接金融に依存していた状態から，投資者から資金を直接獲得できる直接金融の幕開けが到来した。よって，新ベンチャービジネスなどの新たな企業が，自社の保有する技術力や成長性とともに共感性を発揮して投資者に直接訴求し，資金調達の可能性が上昇したと評価できる。これまで金融機関を介して資金供給を行っていたシステムから，クラウドファンディングにより投資者と資金調達者がお互いに顔の見える資金調達システムが拡充されたのである。しかし，前述したようにクラウドファンディングには課題も存在している。貸付型だけが突出して進展し続けてしまうと，結局はクラウドファンディングによる投資者と調達者との直接的な関係が崩壊し，誰に資金が投資されたのかが不明瞭な従前の金融機関を通じた間接金融と同一のものとなる懸念がある。新ベンチャービジネスはクラウドファンディングの登場によって成長可能性を有している。そのためにもクラウドファンディングをブームで終焉させずに中小規模の企業にとって直接金融の萌芽として位置付けるためには，投資者と資金調達者双方にとって有意義である状態，すなわち顔の見える仕組みを涵養し続けていかなくてはならない。

## 【脚　注】

1) 坂本恒夫・鳥居陽介編（2015），68ページ。
2) ベンチャービジネスの出口戦略として注目されている手法はIPOからM&Aへと変化している。
3) 第一種少額電子募集取扱業者の最低資本金は5,000万円から1,000万円，第二種少額電子募集取扱業者は1,000万円から500万円へと引き下げられた。
4) 金融庁ホームページ（https://www.fsa.go.jp/common/diet/186/index.html 2019年2月12日参照）。
5) 手数料はプラットフォームによって異なるが，たとえば2019年12月現在，各プラットフォームのHPを見ると，GREEN FUNDINGは20％，CAMP FIREは17％，READY FOR？は12％である。
6) 金融商品取引法施行令第15条10の3により規定されている。そのほか日本証券業協会の自主規制などがある。
7) 発行企業名や取り扱った第一種少額電子募集取扱業者名なども公表されている。（http://market.jsda.or.jp/shiraberu/kabucrowdfunding/toriatsukai/index.html 2019年2月17日アクセス）

## （参考文献）

内田彬浩・林髙樹「クラウドファンディングによる資金調達の成功要因」『赤門マネジメント・レビュー』17巻6号，209-222ページ，2018年。
金融庁『金融商品取引法等の一部を改正する法律（平成26年法律第44号）に係る説明資料』2014年（www.fsa.go.jp/common/diet/186/01/setsumei.pdf）。
坂本恒夫・鳥居陽介編『財務管理論　第5版』中央経済社，2015年。
林　幸治「中小企業の社債財務におけるクラウドファンディングの利用可能性」『年報中小企業・ベンチャービジネスコンソーシアムだ』第13号，15-25ページ，2014年。
速水智子（2015）「社会企業の資金調達とクラウドファンディングとの関係性」『中小企業研究』37号，中京大学企業研究所，63-70ページ，2015年。

## （参考サイト）

・Kickstarter（www.kickstarter.com）
・金融庁（www.fsa.go.jp）
・日本証券業協会（www.jsda.or.jp）
・矢野経済研究所（www.yano.co.jp）

（林　幸治）

# 第 Ⅳ 部

# 新ベンチャービジネスの運び方

# 第13講　キャピタルマーケット

　新規株式公開（initial public offerings; IPOs）市場に関する研究分野において，これまで指摘されてきたIPOアノマリー（公募価格の低価格性，中長期のアンダーパフォーマンス，IPOサイクル）は，上場基準に形式基準（数値基準）が定められた市場において計測されてきたが，今後は裁量的な基準をもつキャピタルマーケットにおいて金融取引の性質そのものが従来型ではない中で生ずる統計数値・ローデータ（raw data）が成立しうる。AI（人工知能）の導入によりイレギュラーな領域に限り人間の能力は発揮され，従来のような資本調達は，過去の取引データ等をもとにAIを活用したルーティンワークとなる。人間の創造性とクラウドファンディングビジネスについて，共感価値に基づき分析を行う。

## 1　これまでのベンチャービジネスとキャピタルマーケットに関する先行研究

　公募価格の低価格性に関する公式文書について古くはSEC（1963）において確認することができるが[1]，その目的は多くの投資家を呼び込む推奨であったと考えられるため，客観的な分析結果はその後の学術研究を待たねばならなかった。Stigler, G. J.（1964）は新規公開株式（New Stock）の長期的な低迷を提示している[2]。SECの設立以前の6年間（1923年〜1928年）で発行株式総額（value）が250万ドルを越える産業株式（industrial stocks）と，SEC設立以後の7年間（1949年〜1955年）で株式総価額が500万ドルを越える産業株式とを標本（サンプル）とし，普通株の公開後5年間における各年の平均的なパフォーマンスを表している。結論はSEC（1963）とは異なり，新規公開株式の収益性に疑問を投げかけたのであり，同様の見解はカナダを対象としたShaw, D.（1971）でも確認される[3]。

　しかし，Ibbotson, R.G.（1975）は，1960年代に発行された120銘柄（1ヵ月1

銘柄を抽出，10年×12ヵ月＝120銘柄）の新規公開株式を用いて統計検定を行って
おり，収益率分布は，3次のモーメントが高く，平均が正でメディアンは0近
辺であり，公開後5年間の収益率分布では，シーズン期間である最初の1～
2ヵ月を除いても，市場の効率性仮説は棄却できない，と結論づけている[4]。
分析結果は，公募価格が極めて低く，シーズン期間における最初の1ヵ月の終
わりには，投資家は必ず新規公開株式を過大評価する構造になっていることを
明らかにした。過小に根付けられた（underpriced）新規公募株式という奇妙な
現象が生じていることを指摘し，①なぜ公募価格が過小評価されるのか，②発
行者，引受幹事証券会社，投資家のうち誰が勝者（受益者）か，と疑問を投げ
かけた。

　Baron, D.（1982）は公募価格の低価格性の理由を発行企業と投資銀行との情
報の非対称性に求めている。発行企業は情報を活用するにあたり投資銀行に報
いねばならず，投資銀行は有力な情報を提供することから利得を分け与えられ
る（The issuer must compensate the banker for the use of his information, so the
banker shares in the gains from his superior information.）と考察した[5]。これに対
しRock, K.（1986）は，完全情報を保有する投資家と，情報を全く保有しない
投資家，という極端な投資家を想定し，完全情報を保有する投資家は，売出価
格が低い株式のみを購入しようとするが，情報を全く保有しない投資家には，
完全情報を保有する投資家が購入しない株式を割り当てられてしまう勝者の呪
い（Winner's curse）＜情報を全く保有しない投資家は，完全情報を保有する投
資家が購入しない株式でも十分に利益率を補えるほど低価格な公募株式を購入
しようとする＞を提示した[6]。1980年代を代表する論争だが，Muscarella, C.
and Vetsuypens, M.（1989）は1970年～1987年に新規株式公開を行った米国の
投資銀行の株価パフォーマンスについて公募株式の過小評価（underpricing）を
提示し，Rock, K.（1986）の説得力を評価した[7]。

　1990年代に入り，Ritter, J.R.（1991）は1975年～1984年に米国で公開された
1526社の新規公開株式について公開後36ヵ月間の各月の平均リターンを計測し
ている[8]。エクセスリターンを4種類（NASDAQ, Value-Weighted Amex-NYSE,

同業種株式，小企業株式）作成し，未修正リターン（raw return）と対照的に4種類のエクセスリターンで長期パフォーマンスが低迷している傾向を検証した。Loughran, T.（1993）および英国を対象としたLevis, M.（1993）も同様の見解を提示し[9]，IPOアノマリーの検証を目的とする研究が，その後，多数発表されるようになった。日本を対象とする先駆的な実証研究は，福田充男・芹田敏夫（1995）が知られており[10]，1997年9月より採用されたブックビルディング方式の導入後については，Takashi Kaneko and Richard H. Pettway（2003）が代表的である[11]。

　中小企業・ベンチャー企業が全雇用の大部分を生み出すことはBirch, D.L.（1981）により提示されたが[12]，新ベンチャービジネスは共感価値をデザインするため，雇用，人材育成，格差是正を視野に，元利返済に基づくことのないキャピタルマーケットを展開してゆく。

## ② 指定アドバイザー制度の事例研究

　ロンドン市場において，裁量的な基準をもつ指定アドバイザー制度は，LSEの第二市場（Secondary Market Trading）において定着しており，海外から多くの新規株式公開を受け入れている。前身は非上場証券市場（Unlisted Securities Market; USM）であり，国際金融市場としてプレゼンスの高いロンドン市場において対象とはされなかった国内中小企業の資金調達を目的としてきた経緯がある（浜田康行（1996））[13]。

　2019年4月末現在，上場企業数は904社を誇り，時価総額は約1,041億ポンド（約13兆9千億円）である（図表13-1）。米国のNASDAQとは異なる基準のもとで上場を希望している各国企業の期待に応えた新規株式公開市場である。

　東京市場においては，2009年6月より，アジアの新興企業向けに指定アドバイザー制度は導入されたが，海外企業の上場公開を呼び込むことはなかった。国内中小企業を対象とするよう方針転換が実現し，現在に至っている。中小規模事業の借入が大きくなる傾向を抑え，自己資本を増強できる金融機能を日本経済に残した意義は大きい，と考えられる。英米語，中国語によって契約が成

**図表13－1　ロンドン市場の指定アドバイザー制度**　　（2019年4月末）

| 地　域 | 上場企業数 | 時価総額 £bn | 地　域 | 上場企業数 | 時価総額 £bn |
|---|---|---|---|---|---|
| アフリカ | 52 | 2.126997426 | 中東 | 14 | 0.703576255 |
| アジア | 57 | 6.951094598 | 北米 | 62 | 4.164875031 |
| ヨーロッパ | 679 | 87.95453077 | オセアニア | 22 | 1.279433278 |
| 南米 | 17 | 0.935531962 | その他 | 1 | 0.003012705 |
| 総計 | 904 | 104.119052 | | | |

**市　場　規　模**

| | 2019年4月<br>取引数 | 月間売買高 £bn | 年間取引数<br>（2018年） | 年間売買高 £bn<br>（2018年） |
|---|---|---|---|---|
| 一部市場 | 15,761,062 | 86,681.03 | 263,582,611 | 1,426,555.62 |
| 指定アドバイザー制度 | 506,248 | 1,431.48 | 7,221,237 | 20,905.58 |
| 規制市場 | 88,198 | 464.66 | 1,700,882 | 8,393.95 |
| プロ向け市場 | 6,825 | 41.97 | 100,943 | 568.87 |
| ロンドン市場外取引 | 50 | 0.94 | 7 | 0.01 |
| 総計 | 16,362,383 | 88,620.08 | 272,605,680 | 1,456,424.04 |

（出所）　London Stock Exchange, 'AIM Companies by Main Country of Operation
　　　　（Summary Statistics）' and'Summary Order Book Analysis by Market,
　　　　December 2018 and April 2019'より，筆者訳。

立する金融市場ばかりでなく，日本語，日本円，日本の法制度および商慣行を
前提とする資本市場を整備しておく必要性について，これを充たしている。

　東京市場において，沖縄を拠点とする指定アドバイザーが存立していた2019
年4月末（平成から令和へ改元した時点）の指定アドバイザー制度の事例を7つ
確認しておく。大手証券会社の場合（事例1），中堅証券会社の場合（事例2），
非証券会社の場合（事例3～事例6），大手証券会社および大手金融グループ子
会社の場合（事例7），を見てみる。

### 事例1　みずほ証券（株）

　東京市場において2009年6月当初から，指定アドバイザー6社のうちの1社
を担ってきた。五洋食品産業(株)（証券コード2230）（本社　福岡県糸島市，資本

金１億４千万円）を引き受けている。（事例７で見るように，大手証券会社は指定ア
ドバイザーを引き受けない傾向にあるが，みずほ信託銀行の業務と連携するかたちで新
しい事業展開を模索している。）

### 事例２　フィリップ証券（株）

　2011年４月，成瀬証券(株)とシンガポールのPhillip Financials株式会社が
合併して設立されたフィリップ証券(株)は，21社を引き受けている（図表13-
2）。

　業種，本社所在地，資本金の規模に一定の傾向はなく，時期についても2012
年９月末から2019年３月初旬まで，定常的に担当している。日本の資本市場の
特殊性から，他の証券会社が積極的に主幹事とならない動きを鑑み，東証一部，
東証二部，マザーズ，JASDAQなど既存市場では対応できていない状況を捉え，
企業のニーズおよびステージに応じた様々な金融機能を提供することに努めて
いる，と考察することができる。

　日本の指定アドバイザー制度において，初めて新規株式公開を手掛けた証券
会社としても知られている。2011年７月15日に上場し，５営業日後の22日に初
値（286円）が付いたメビオファーム(株)（証券コード4580）は，東京大学先端
科学技術研究センターからのスピンアウトによって2002年に設立された創薬ベ
ンチャー（制癌剤等の開発）である。2013年６月７日に上場廃止となったが，そ
の後の実績につながる重要な試行であったと考えられる。

　プロ投資家向けであること，グローバル化に対応した新規株式公開市場であ
ること，高い自由度があること，などの特長（メリット）を当初から見抜き，
決断と執行の早さ（スピーディであること）および長期的な視点をそなえた資金
需給のアレンジメントを志向している。SMBC日興証券，大和証券キャピタ
ル・マーケッツ，野村證券，みずほインベスターズ証券，みずほ証券，三菱
UFJモルガン・スタンレー証券，に続く７社目として，東京市場における指定
アドバイザーとしての資格認定を2011年６月10日に受けている。

**図表13－2　フィリップ証券㈱が指定アドバイザーを引き受けている企業**（2019年4月末）

| 証券コード | 社 名 | 上場日 | 業 種 | 本社所在地 | 資本金 |
|---|---|---|---|---|---|
| 6066 | 新東京グループ | 2012年9月25日 | 環境・廃棄物コンサルティング | 千葉県松戸市 | 8,600万円 |
| 7778 | アドメック | 2013年9月4日 | 医療機器研究開発 | 愛媛県松山市 | 2億2千万円 |
| 3610 | はかた匠工芸 | 2014年7月15日 | 繊維製品 | 福岡県大野城市 | 1億885万円 |
| 3693 | イー・カムトゥルー | 2014年10月20日 | 情報通信 | 札幌市中央区 | 1億5千万円 |
| 3456 | TSON | 2015年3月23日 | 不動産業 | 名古屋市中村区 | 2,600万円 |
| 1432 | 動力 | 2015年8月18日 | 太陽光発電システム | 愛知県安城市 | 1,911万円 |
| 3651 | トライアンコーポレーション | 2015年11月25日 | 情報技術・機器製造 | 東京都新宿区 | 3,213万円 |
| 2452 | コンピュータマインド | 2016年6月23日 | 情報・通信業 | 川崎市宮前区 | 3,500万円 |
| 1437 | ピースリビング | 2016年7月7日 | 建設・不動産業 | 徳島県徳島市 | 9,708万円 |
| 1440 | やまぜんホームズ | 2017年3月3日 | 建設業 | 三重県桑名市 | 5,700万円 |
| 6695 | トリプルワン | 2017年6月30日 | 電気機器 | 東京都中央区 | 9,900万円 |
| 2336 | 富士テクノソリューションズ | 2017年9月19日 | 3DCADによる設計・解析 | 神奈川県厚木市 | 8,186万円 |
| 3483 | 翔栄 | 2017年10月24日 | 不動産業 | 名古屋市東区 | 5,000万円 |
| 9388 | パパネッツ | 2017年10月30日 | 倉庫・輸送関連業 | 埼玉県越谷市 | 5,000万円 |
| 1444 | ニッソウ | 2018年2月26日 | 不動産物件のリフォーム工事 | 東京都世田谷区 | 1億円 |
| 6576 | 揚工舎 | 2018年4月24日 | 介護・老人ホームなど | 東京都板橋区 | 4,250万円 |
| 4383 | ビズライト・テクノロジー | 2018年5月2日 | 情報・通信業 | 東京都千代田区 | 3,400万円 |
| 1445 | ひかりホールディングス | 2018年5月16日 | 建設業 | 岐阜県多治見市 | 4,000万円 |
| 4426 | パスロジ | 2018年12月19日 | 情報・通信業 | 東京都千代田区 | 1億円 |
| 7672 | タカネットサービス | 2019年2月21日 | 卸売業 | 横浜市西区 | 2,100万円 |
| 7056 | マルク | 2019年3月5日 | 障害者 | 愛媛県松山市 | 2,000万円 |

（出所）　筆者作成。

**図表13－3　宝印刷㈱が指定アドバイザーを引き受けている企業**（2019年4月末）

| 証券コード | 社　名 | 上場日 | 業　種 | 本社所在地 | 資本金 |
|---|---|---|---|---|---|
| 3039 | 碧 | 2013年6月4日 | 小売業 | 沖縄県那覇市 | 5,500万円 |
| 7170 | 中央インターナショナルグループ | 2014年7月14日 | 保険業 | 佐賀県佐賀市 | 6,200万円 |
| 4250 | フロンティア | 2018年7月27日 | 化学 | 山口県周南市 | 3,000万円 |

（出所）　筆者作成。

**図表13－4　㈱OKINAWA J-Adviserの株主**（未上場のため構成比率は公表されていない）

沖縄振興開発金融公庫，公益財団法人，沖縄県産業振興センター，㈱沖縄産業振興センター，㈱琉球銀行，㈱沖縄銀行，㈱沖縄海邦銀行，コザ信用金庫，オリオンビール㈱，沖縄セルラー電話㈱，第一交通産業㈱，琉球海運㈱，特定非営利活動法人NDA，㈱旭堂，㈱新垣通商，瑞穂酒造㈱，㈱Kips，三菱UFJ信託銀行㈱，大同火災海上保険㈱，㈱鹿児島銀行，他

（出所）　OKINAWA J-Adviser会社概要。

**図表13－5　㈱OKINAWA J-Adviserが指定アドバイザーを引き受けている企業**（2019年4月末）

| 証券コード | 社　名 | 上場日 | 業　種 | 本社所在地 | 資本金 |
|---|---|---|---|---|---|
| 7176 | シンプレックスF.H. | 2015年1月27日 | 証券，商品先物取引業 | 東京都千代田区 | 3億7千万円 |
| 6174 | デンタス | 2015年9月11日 | 技歯生産の自動化 | 徳島県徳島市 | 1億100万円 |
| 6179 | WBFリゾート沖縄 | 2015年10月15日 | 観光業 | 沖縄県豊見城市 | 2,000万円 |
| 9261 | クボデラ | 2017年10月17日 | 卸売業 | 東京都中野区 | 9,800万円 |
| 6557 | global bridge HOLDINGS | 2017年10月17日 | 福祉事業 | 東京都墨田区 | 5,500万円 |
| 9276 | アザース | 2018年9月19日 | 小売業 | 愛媛県松山市 | 1,400万円 |

（出所）　筆者作成。

## 事例3　宝印刷（株）

　決算開示書類作成，株主総会招集通知の作成，IR関連の制作支援，公募増資，社債発行の書類作成などディスクロージャー支援事業を手掛け，IPO支援（上場準備事務），任意開示書類のコンサルティング業務を担う。1952年の創業以来，開示業務（および書類の制作・印刷）に従事し，延べクライアント数は全上場企業の50％以上，約2,000社を誇る。金融庁や東証が定める開示規則や様式は年々改定されるため，上場企業が把握できるよう分かりやすく伝え，誤りや不

足内容を確認する。地方企業 3 社を担当している（図表13－3）。

## 事例4　（株）OKINAWA J-Adviser

　2010年 9 月16日，株式会社 TOKYO AIM 取引所と公益財団法人沖縄県産業振興公社が提携合意し，2012年 7 月30日に設立され，同年11月 1 日，東京証券取引所より J-Adviser の認定承認を受けている。資本金は330,000（千円）（平成30年 3 月30日現在）であった。株主構成を見ると（未上場のため構成比率を確認することはできないが），沖縄の財界と県の支援によって，指定アドバイザーを東京市場に樹立してきた様相を確認することができる（図表13－4）。ただし，2020年 2 月15日現在，（株）OKINAWA J-Adviser は指定アドバイザーではなく，東京との経済合理性を，沖縄のベンチャー企業が見い出せなかった事例となっている。デンタス（証券コード6174）およびクボデラ（証券コード9261）は宝印刷（株）が，シンプレックスF. H.（証券コード7176），global bridge HOLDINGS（証券コード6557），アザース（証券コード9276）は，株式会社 日本M&Aセンターが，担当を引き受けている。

## 事例5　（株）アイ・アールジャパン

　1984年から一貫してエクイティビジネスを切り拓き，海外投資家向けの開示資料を企業に代行して作成する業務を手掛ける。筑波精工（株）（証券コード6596）（本社　栃木県河内郡，業種　電気機器，資本金 4 億7,200万円）を，2018年11月28日，引き受けている。

## 事例6　（株）日本M&Aセンター

　2019年 7 月，東京市場における指定アドバイザーとしての資格を取得している。事例 4 で見たように，（株）OKINAWA J-Adviser が指定アドバイザーを辞退するに際して，3 社の担当を引き受けている。

**事例7　野村證券（株），大和証券（株），SMBC日興証券（株），三菱UFJ モルガン・スタンレー証券（株），GCA FAS（株）**

　実績はないが，指定アドバイザーであり続けており，株式公開を手掛けるかどうかもまた各社の裁量である，と判断できる。大手4社は，株式会社 TOKYO AIM取引所が創設された当初から指定アドバイザーであり，該当する企業があれば，公開を引き受けると考えられる。GCA FAS（株）は，GCAグループにおいてファイナンシャル・アドバイザリー・サービス業務を行う独立系M&A専門会社であり，大手4社とならんで指定アドバイザーとして認められている。

## ③　企業集団研究の方法とキャピタルマーケット

　日本経済の国際競争力の基盤を研究するにあたり「どのような経済システムが人間的かつ合理的なのか，そしてその経済システムを支える企業はどのような仕組みでどのような役割を果たすのが適当なのか」を検討する。資本蓄積をいかなるメカニズムで行うかを分析するにあたり，企業集団研究の方法とは，相互取引および一方的取引を全体的に把握しその構造と機能を明らかにすると同時に，構造的・組織的かつ系統的に展開される資本蓄積のメカニズムを明らかにすることである（坂本恒夫（1996）pp. 12-13, p. 24）[14]。

　共感価値ある行動をとらえ，資本創造を実現する系統的な秩序として，指定アドバイザーを中心におく中小企業・ベンチャー企業，受託の制限を充たす投資家（金融商品取引法第2条第31項，金融商品取引法第二条の規定する定義に関する内閣府令第23条に基づく特定投資家）などのあいだで企業集団が形成されるようクラウドファンディングを行うように，市場関係者地域通貨（Shijohkankeisha Exchange Trading System; SETS）を提示することには必然性がある（地域通貨の分散型発行方式については，Nozomi Kichiji and Makoto Nishibe（2011）を参照[15]）。資本蓄積が伴うようキャピタルマーケットを整備し，雇用創出，所得の向上，経済成長を促す方法により，財政の持続可能性に貢献することができる。

　市場関係者地域通貨の黒字と引き換えに，中小企業・ベンチャー企業が指定

アドバイザー制度を通じて新規株式公開による資金調達ができるようになると，知見を有する特定投資家等の判断が，株式会社制度を通じて国民経済に投影されるようになる。また，生産者と投資家の様々な組み合わせが成立することで，あらゆる販路の拡大に貢献してゆく可能性がある。

　世界的に市場間競争が激化している証券取引所の直面する現状を鑑み，企業集団研究はキャピタルマーケットを整備するよう，資本蓄積を展開するために必要な分析を与える。そのうえで，対等な知的集団がスピード感をもって相対取引を展開してゆくことが求められる。

## 4　むすびにかえて

　IPOアノマリーという法則は，形式基準（数値基準）のあるキャピタルマーケットにおいて確認されてきたが，AI（人工知能）によるパターン認識の及ばない裁量的な新規株式公開市場の整備によって，新ベンチャービジネスは資本を創造できる。

　共感価値があるからこそ，相互取引として発行し合う通貨が成立し，指定アドバイザー制度をより機能させる。従来の法定通貨（強制通用力のある通貨）に基づく取引データでは提示することが出来なかった新たな財政統計のローデータを確認できる。共感に基づく価値を顕在化し，経済の実態に迫る実証分析を行うにあたって有意義な数字となる。

【脚　注】
1)　SEC (1963) Report of special study on security markets, U.S. Government Printing Office, Washington, D.C.
2)　Stigler, G.J. (1964) Public regulation of the security markets, Journal of Business 37, pp. 117-142.
3)　Shaw, D. (1971) The performance of primary common stock offerings：A Canadian comparison, Journal of Finance 26, pp. 1103-1113.
4)　Ibbotson, R.G. (1975) Price performance of common stock new issue, Journal of Financial Economics 2, pp. 235-272.
5)　Baron, D. (1982) A model of the demand of investment banking advising and

distribution services for new issues, Journal of Finance 37, pp. 955-976.

6) Rock, K. (1986) Why new issues are underpriced, Journal of Financial Economics 15, pp. 187-212.

7) Muscarella, C. and Vetsuypens, M. (1989) A simple test of Baron's model of IPO underpricing, Journal of Financial Economics 24, pp. 125-135.

8) Ritter, J.R. (1991) The Long-Run Performance of Initial Public Offerings, Journal of Finance 46, pp. 3-27.

9) Loughran, T. (1993) NYSE vs NASDAQ returns : Market microstructure or the poor performance of IPOs?, Journal of Financial Economics 33, pp. 241-260., Levis, M. (1993) The Long-Run Performance of Initial Public Offerings : The UK Experience 1980-1988, Financial Management 22, pp. 28-41.

10) 福田充男・芹田敏夫 (1995)「日本の新規株式公開市場に関する実証分析」『証券アナリストジャーナル第33巻第3号』日本証券アナリスト協会, 13-24ページ。

11) Takashi Kaneko and Richard H.Pettway (2003) Auctions versus book building of Japanese IPOs, Pacific-Basin Finance Journal vol. 11, issue 4, pp. 439-462.

12) Birch, D.L. (1981) Who Creates Jobs?, Public Interest 65 (Fall), pp. 3-14.

13) 浜田康行 (1996)『日本のベンチャーキャピタル』日本経済新聞社, 163-165ページ。

14) 坂本恒夫 (1996)「企業集団研究の方法」坂本恒夫・佐久間信夫編著『＜シリーズ企業集団研究1＞企業集団研究の方法』文眞堂, 第1章 (1-25ページ)。

15) Nozomi Kichiji and Makoto Nishibe (2011) The Comparison in Transaction Efficiency between Dispersive and Concentrated Money Creation, Discussion Paper, Series A, No. 2011-237, Graduate School of Economics and Business Administration, Hokkaido University.

（中村　宙正）

# 第14講　M&A

## 1　M&Aとは何か

　M&Aとは，企業の合併・買収（Mergers and Acquisitions）のことである。合併の場合，合併に参加する2つ以上の会社は，合併後に1つの法人格をもつ会社となる。買収の場合，買収する側の企業と買収の対象となる企業の法人格は別々のままだが，買収側企業は買収対象企業の経営権を取得することになる。合併と買収にはこのような用語上の違いはあるが，"M&A"を統一的に定義すれば，企業（の経営権）の売買である。そのため，M&Aには買い手と売り手が存在する。

## 2　ベンチャービジネスにとってのM&A

### (1)　買い手にとってのM&A

　ベンチャービジネスにとって，M&Aには2つの意味がある。1つは，買い手として，自社の成長に必要な経営資源を早期に獲得するために企業を取得することである。この場合のM&Aは自社に必要な経営資源の外部調達を意味しており，このM&Aの対比概念は内部調達（必要な経営資源を社内で開発・製造・育成すること）である。時間をかけずに外部の経営資源を獲得できることがこのM&Aの最大のメリットである。このM&Aは，ベンチャービジネスに限らず大企業も実施するM&Aである。

　このM&Aには，①水平的M&A（同じ事業内容を行っている企業同士が行うM&A），②垂直的M&A（同一のサプライチェーンにおける上流と下流の関係にある企業同士のM&A），③多角的M&A（自社の事業と相手の事業の関係が水平的でも垂直的でもないM&A）などタイプがある。いずれのタイプでも，M&Aに加わる企業の価値が，M&A前よりも高まることが期待される。これをシナジー効果

（相乗効果）という。

### (2)　売り手にとってのM&A

　ベンチャービジネスにとってのもう１つのM&Aは，売り手として，その会社（の経営支配権）を事業会社に売却することである。この場合のM&Aは，M&A前の支配株主あるいは大株主がその保有株式を事業会社に売却することを意味しており，その対比概念は保有株式を市場に売却するIPO（Initial Public Offering：新規株式公開）である。なお，この支配株主あるいは大株主は，通常，創業者およびベンチャーキャピタルである。ベンチャーキャピタルが他のベンチャーキャピタルに株式を売却する場合はセカンダリー・セール（secondary sale）と呼ばれ，M&Aには含まれない。売却相手がベンチャーキャピタル（の組成したファンド）の場合，その売却はあくまで長期的な保有者が取得するまでの途中段階にすぎない。長期的な保有者（保有期限が決まっていない買い手）に対する売却は，事業会社への売却（M&A）か，株式市場への売却（IPO）かのどちらかになる。

## ③　世界のスタートアップ企業のM&A

　本節では，グローバルに起業家支援などを行うアメリカのMind the Bridge社が作成・公開する「Tech Startup M&As 2018 Report」（以下，MTBレポート）に基づき，2010年から2018年までの９年間において実施された，世界のスタートアップ企業が買収対象企業となったM&A（以下，スタートアップM&A）の状況について概観する。

　なお，スタートアップという用語は，ベンチャービジネスの成長段階における会社設立後数年間を意味することもある。しかし，MTBレポートでは，スタートアップ企業（startup）を「2000年以降に創業し，革新的な産業（ICT，生命科学など）に属する企業および従来型産業において根本的（破壊的）な革新（農業におけるドローンなど）を導入する企業」と定義しているため，本節ではこの定義をそのまま用いる。

### (1)　件数および金額の推移

　世界のスタートアップM&Aの件数および買収金額の推移は図表14－1の通りである。件数では，2013年までは1,000件台であったが，その後大幅に増加し，2017年以降は4,000件台を数えるに至っている。金額については，件数とほぼ同様に増加傾向であるが，2010年の210億ドルから2016年には2,460億ドルと，6年で10倍を超える増加となっている[1]。

図表14－1　世界のスタートアップM&Aの推移

　（出所）　Mind the Bridge（2018）より筆者作成。

### (2)　各地域の件数および金額

　世界のスタートアップM&Aの各地域別の件数および買収金額は図表14－2の通りである。合計21,844件のうち，61.9%が北アメリカ，32.0%がヨーロッ

パであり，この２地域で90％を超えている。取引金額もほぼ同様である。した
がって，世界のスタートアップM&Aのほとんどはこの２地域で実施されてい
ることが分かる。

図表14－２　地域別のスタートアップM&A件数・取引金額（2010年〜2018年）

|  | 件数 | | 取引金額 | |
|---|---|---|---|---|
|  | （件） | （構成比） | （10億ドル） | （構成比） |
| 北アメリカ | 13,519 | 61.9% | 777.5 | 65.1% |
| ヨーロッパ | 6,995 | 32.0% | 336.0 | 28.2% |
| アジア・太平洋 | 761 | 3.5% | 39.8 | 3.3% |
| 中東・ロシア | 292 | 1.3% | 35.2 | 2.9% |
| 南アメリカ | 196 | 0.9% | 3.8 | 0.3% |
| アフリカ | 81 | 0.4% | 1.1 | 0.1% |
| 世界計 | 21,844 | 100.0% | 1,193.4 | 100.0% |

（注）　取引金額は件数のうち取引金額が開示されたもののみ。
（出所）　Mind the Bridge（2018）より筆者作成。

### (3)　M&A実施企業上位30社

　世界のスタートアップM&A実施企業の上位30社は図表14－３の通りである。
この図表の左半分は，すべての実施企業を対象とした上位30社である。トップ
のGoogleは９年間で150社のスタートアップを買収している。さらに
Facebook（第２位）は69社，Apple（第３位）は68社，Microsoft（第４位）は67
社，Amazon（第12位）は45社と，"GAFA＋M"と言われる世界の時価総額
トップ５社はいずれも多数のスタートアップ企業を買収していることがわかる。
また，30社中22社がアメリカ企業である。日本企業としては電通が唯一ランク
インしている。

　右半分は，買い手企業として創業が2000年以降の企業のみに限定した場合の
上位30社である。つまり，スタートアップ企業によるスタートアップ企業の
M&Aについての上位30社である。多くの世界的なスタートアップ企業が名を
連ねており，これらが積極的なスタートアップM&Aを行って成長しているこ
とがわかる。ここでは日本企業は登場していない。

図表14－3　世界のスタートアップM&A実施企業の上位30社（2010－2018）

| | 全企業 | | | | 創業が2000年以降の企業のみ | | | |
|---|---|---|---|---|---|---|---|---|
| | 企業名 | 買収企業数 | 買収金額(10億ドル) | 本社所在地 | 企業名 | 買収企業数 | 買収金額(100万ドル) | 本社所在地 |
| 1 | Google | 150 | 80 | アメリカ | Facebook | 69 | 22,776 | アメリカ |
| 2 | Facebook | 69 | 22.8 | アメリカ | Salesforce | 46 | 15,716 | アメリカ |
| 3 | Apple | 68 | 51.0 | アメリカ | Twitter | 45 | 1,488 | アメリカ |
| 4 | Microsoft | 67 | 39.4 | アメリカ | Groupon | 39 | 270 | アメリカ |
| 5 | Accenture | 61 | 0.4 | アメリカ | Zynga | 27 | 1,081 | アメリカ |
| 6 | Cisco | 60 | 17.4 | アメリカ | Dropbox | 22 | 100 | アメリカ |
| 7 | Yahoo | 56 | 3.0 | アメリカ | Just Eat | 20 | 1,023 | イギリス |
| 8 | Oracle | 51 | 10.8 | アメリカ | LinkedIn | 19 | 175 | アメリカ |
| 9 | IBM | 49 | 8.1 | アメリカ | TripAdvisor | 19 | 143 | アメリカ |
| 10 | Salesforce | 46 | 15.7 | アメリカ | Delivery Hero | 18 | 1,089 | ドイツ |
| 11 | Twitter | 46 | 1.5 | アメリカ | Airbnb | 16 | 200 | アメリカ |
| 12 | Amazon | 45 | 5.9 | アメリカ | Snap | 15 | 839 | アメリカ |
| 13 | Dell EMC | 45 | 2.2 | アメリカ | Pinterest | 14 | n/d | アメリカ |
| 14 | 電通 | 42 | 0.1 | 日本 | Agilent Technologies | 13 | 340 | アメリカ |
| 15 | Groupon | 39 | 0.3 | アメリカ | Chegg | 13 | 134 | スウェーデン |
| 16 | Intel | 36 | 18.4 | アメリカ | Square | 12 | 455 | アメリカ |
| 17 | eBay | 33 | 3.8 | アメリカ | Spotify | 12 | n/d | スウェーデン |
| 18 | Autodesk | 29 | 0.3 | アメリカ | Playtech | 11 | 475 | イスラエル |
| 19 | Zynga | 27 | 1.1 | アメリカ | Food Panda | 11 | 91 | ドイツ |
| 20 | Publicis Grope | 25 | 0.6 | アメリカ | Box | 11 | n/d | アメリカ |
| 21 | Boston Scientific | 24 | 3.9 | アメリカ | Infor | 11 | n/d | アメリカ |
| 22 | Citrix Systems | 24 | 3.3 | アメリカ | Amobee | 9 | 865 | アメリカ |
| 23 | AOL | 24 | 0.8 | アメリカ | Lyft | 9 | n/d | アメリカ |
| 24 | Capita | 24 | 0.6 | イギリス | We Work | 9 | n/d | アメリカ |
| 25 | Visma | 24 | 0.2 | ノルウェー | Eventbrite | 8 | 200 | アメリカ |
| 26 | Siemens AG | 23 | 0.7 | ドイツ | Homeaway.com | 8 | 20 | アメリカ |
| 27 | サムスン電子 | 23 | 0.6 | 韓国 | Atlassian | 7 | 453 | オーストラリア |
| 28 | Luxottica-Essilor | 23 | 0.2 | イタリア・フランス | Coinbase | 7 | 120 | アメリカ |
| 29 | Dropbox | 22 | 0.1 | アメリカ | Catena Media | 7 | 42 | マルタ |
| 30 | Roche | 21 | 9.4 | スイス | Criteo | 6 | 279 | フランス |

（注）　n/dは非開示。
（出所）　Mind the Bridge（2018）より筆者作成。

### (4)　業種・分野上位10位

　世界のスタートアップM&A実施企業の業種・分野上位10位は図表14－4の通りである。左半分は買い手ベースでスタートアップM&Aが実施されている上位10位業種である。ここでは，第1位のIT・ソフトウェア業が5,672件と圧倒的に多く，次いで金融業の2,204件，生物工学・生命科学・製薬の1,913件，マーケティング・広告の1,880件，メディア・娯楽の1,349件，企業向けサービス・コンサルティングの1,245件と続き，いずれも1,000件を超えている。つまりこれだけのスタートアップ企業がこれらの業界で買収されている。

　右半分は売り手企業の分野別の上位10位である。第1位のソフトウェアから第5位のデジタルメディアまでは買い手ベースの順位とおおよそ対応しているが，第6位のAI・ビッグデータは買い手ベースの表には出てこない。これは，左半分のリストは業種別でありAI・ビッグデータは業種ではないことと，AI・ビッグデータは多様な業種に活用されうる分野であることによると考えられる。このデータは2010年から2018年までの集計であるが，今後はAI・ビッグデータが売り手企業としてさらに増加する可能性がある。

図表14－4　世界のスタートアップM&A実施企業の業種・分野上位10位（2010－2018）

| | 買い手ベース | | | 売り手企業ベース | | | | |
|---|---|---|---|---|---|---|---|---|
| | 業　　　種 | 件数 | 構成比 | 売り手企業の分野 | 件数 | 構成比 | 取引金額<br>(10億ドル) | 構成比 |
| 1 | IT・ソフトウェア | 5,672 | 26.0% | ソフトウェア | 3,728 | 17.1% | 113 | 9.5% |
| 2 | 金融 | 2,204 | 10.1% | 生命科学 | 1,871 | 8.6% | 303 | 25.4% |
| 3 | 生物工学・生命科学・製薬 | 1,913 | 8.8% | 企業向けソフトウェア | 1,820 | 8.3% | 71 | 5.9% |
| 4 | マーケティング・広告 | 1,880 | 8.6% | 広告 | 1,538 | 7.0% | 32 | 2.7% |
| 5 | メディア・娯楽 | 1,319 | 6.2% | デジタルメディア | 1,422 | 6.5% | 27 | 2.3% |
| 6 | 企業向けサービス・コンサルティング | 1,245 | 5.7% | AI・ビッグデータ | 1,220 | 5.6% | 48 | 4.0% |
| 7 | エンジニアリング・電機 | 853 | 3.9% | Eコマース | 1,058 | 4.8% | 40 | 3.4% |
| 8 | 消費者関連・小売 | 832 | 3.8% | フィンテック | 879 | 4.0% | 49 | 4.1% |
| 9 | 通信 | 453 | 2.1% | ハードウェア | 615 | 2.8% | 37 | 3.1% |
| 10 | 不動産・建設 | 364 | 1.7% | ネットワーク | 604 | 2.8% | 60 | 5.0% |
| | 上位10位　計 | 16,765 | 76.7% | 上位10位　計 | 14,755 | 67.5% | 780 | 65.4% |

（注）　構成比は2010年～2018年の9年間合計の件数および金額に占める比率。
（出所）　Mind the Bridge（2018）より筆者作成。

## ⑸　買収金額・VC調達額・買収金額倍率

　図表14－5は，世界のスタートアップM&A実施企業の買収金額・ベンチャーキャピタル（VC）調達額・買収金額倍率の構成比を示している。まずスタートアップ企業がベンチャーキャピタルから調達した金額では，最も多い範囲は2,000万～5,000万ドル（26％）で，1億ドル超は14％に過ぎない。一方，スタートアップ企業がM&Aで買収された金額（すなわちVCなどが資金回収した金額）では，最も多い範囲は1億ドル～5億ドル（27％）であり，1億ドル超は41％に上る。つまり，VCなどスタートアップ企業に出資した投資家は出資した金額よりもM&Aで資金回収した金額のほうが大きくなる可能性が見いだせる。

図表14－5　世界のスタートアップM&A実施企業の買収金額・
VC調達額・買収金額倍率（構成比）

| | 買収金額 | VC調達額 | 買収金額倍率 | | |
|---|---|---|---|---|---|
| 100億ドル超 | 1％ | | 100倍超 | 1％ | |
| 10億ドル～100億ドル | 7％ | 14％ | 20～100倍 | 3％ | |
| 5億ドル～10億ドル | 6％ | | 10～20倍 | 5％ | 41％ |
| 1億ドル～5億ドル | 27％ | | 5～10倍 | 8％ | |
| 5,000万～1億ドル | 13％ | 17％ | 3～5倍 | 7％ | |
| 2,000万～5,000万ドル | 18％ | 26％ | 1～3倍 | 17％ | |
| 1,000万～2,000万ドル | 10％ | 15％ | 0.5～1倍 | 15％ | |
| 500万～1,000万ドル | 7％ | 11％ | 0.25～0.5倍 | 13％ | 59％ |
| 100万～500万ドル | 9％ | 13％ | 0.25倍以下 | 31％ | |
| 500万ドル以下 | 2％ | 4％ | | | |

（注）　買収金額倍率は，スタートアップ企業が投資家から調達した金額に対する，その企業のM&Aの取引金額。
（出所）　Mind the Bridge（2018）より筆者作成。

　一番右側の買収金額倍率は，それを直接的に示す指標である。買収金額倍率とは，スタートアップ企業がVCなどの投資家から調達した金額に対するその企業のM&Aの取引金額の倍率である。1倍超は投資家にとってプラス，1倍以下はマイナスを意味する。1倍超の構成比は41％であり，その中でも10倍超が約9％である。中には100倍を超えるものも1％ある。これらの数値は，多

数のスタートアップ企業に投資した投資家は，IPOだけでなくM&Aで資金回収を行うことで，トータルでは高い確率でプラスの投資収支を得られる可能性があることを示している。また，スタートアップ企業の創業者としてもIPOだけでなくM&Aで巨額の創業者利得を得られる可能性があることがわかる。

## ４　日本のベンチャービジネスの買い手側M&A事例

　日本のベンチャービジネスのM&Aはどうだろうか。アメリカと比較すれば数は多くないが，日本のベンチャービジネスでも買い手としてM&Aを積極的に利用している企業は存在する。その事例として，㈱トライステージを取り上げる。

　㈱トライステージは，ダイレクトマーケティング事業を実施する企業に対して，テレビやインターネット等のメディアを使用した商品・サービスの販売や集客のサポートと，顧客管理に至るまでのプロセスの各種ソリューションを提供することを事業目的として，2006年に資本金1,000万円で設立され，設立2年半後に東証マザーズに上場した。上場時はテレビ通販番組などのダイレクトマーケティング支援事業のみを行っていたが，2012年にはメールカスタマーセンター㈱を買収してDM事業に参入し，2016年にはシンガポール，マレーシア及び香港に事業展開するテレビ通販事業者JML Singapore Pte. Ltd.，インドネシアのテレビショッピングチャンネル向け卸売事業者PT. Merdis Internationalの買収およびタイの大手テレビ通販事業者TV Direct Public Company Limitedへの資本参加によって海外事業を大幅に強化した。さらに2016年に日本の特産品・名産品を取扱う小売業「日本百貨店」事業を吸収分割により承継した。この結果，上場時には252.2億円だった売上高は直近の2018年2月期には557.8億円に増大し，セグメントは5つに拡大した（図表14-6参照）。ただし，本業以外の4つのセグメントでは売上高に対して利益が少額あるいは損失になっており，現時点の収益性は必ずしも芳しいとはいえない。しかし，これらのセグメントの多くは参入から1，2年しか経過していないため，収益性に低さは開始からその原因が長期的な企業成長および将来の利益増大を

図表14−6　トライステージの上場年度と直近年度におけるセグメント状況と該当する関係会社

| セグメント別 | | 上場年度（2009年2月期）第3期 | | | 直近年度（2018年2月期）第12期 | | | セグメントに該当する関係会社 | | |
|---|---|---|---|---|---|---|---|---|---|---|
| 事業 | 内容 | 売上高（億円） | 営業利益（億円） | 従業員数（人） | 売上高（億円） | セグメント利益・営業利益（億円） | 従業員数（人） | 会社名 | 経緯 | 直近年度 |
| ダイレクトマーケティング支援事業 | ダイレクトマーケティング実施企業に対するトータルソリューションサービス提供（テレビ通販番組、WEB広告等の各種メディア枠提供、表現企画・制作、受注等におけるノウハウ提供等） | 252.2 | 20.4 | 47 | 354.2 | 12.3 | 194 | (株)トライステージ | 本体 | |
| | | | | | | | | (株)アドフレックス・コミュニケーションズ | 買取 | (2017.3) |
| DM事業 | ダイレクトメールや商品の発送代行及び封入発送代行 | − | − | − | 171.4 | 2.7 | 26 | メールカスタマーセンター(株) | 買取 | (2012.11) |
| | | | | | | | | (株)ディー・ピー・シー | 上記会社の子会社として取得 | |
| 海外事業 | 海外における通信販売及び卸売 | − | − | − | 17.6 | -2.6 | 73 | (株)トライステージ | 本体 | |
| | | | | | | | | JML Singapore Pte. Ltd. | 買取 | (2016.9) |
| | | | | | | | | JML Direct (M) Sdn. Bhd. | 上記会社の子会社として取得 | |
| | | | | | | | | PT. Merdis International | 買取 | (2016.12) |
| | | | | | | | | TV Direct Public Company Limited | 資本参加 | (2016.7) |
| | | | | | | | | Tri-Stage Merchandising (Thailand) Co. Ltd. | 設立 | (2017.4) |
| 通販事業 | 通信販売 | − | − | − | 0.7 | -2.4 | 5 | (株)日本ヘルスケアアドバイザーズ | 設立 | (2016.3) |
| その他 | 小売業「日本百貨店」運営 | − | − | − | 13.9 | 0.2 | 38 | (株)日本百貨店 | 買取 | (2016.3に事業承継) |
| 全社 連結 | | − | − | − | 557.8 | 10.3 | 336 | | | |
| 全社 単体 | | 252.2 | 20.4 | 47 | 332.2 | 9.7 | 171 | | | |

（出所）　(株)トライステージ有価証券報告書各年版より作成。

実現するために必要な初期費用にあると考えられる。

## ⑤　日本のベンチャービジネスの売り手側M&Aの可能性

　日本のベンチャービジネスがM&A市場に売り手として多く供給されるためには様々な課題を解決する必要があるが，その一つは日本のベンチャーキャピタルがM&Aでのエグジット（投資からの退出）に積極的に取り組むことである。

　図表14－7は，日本のベンチャーキャピタルのエグジット方法を示している。最も多いエグジット方法は会社経営者等による買戻しであり，40％を占める。M&Aはわずか5％と構成比が最も低い。一方，株式公開は17％とM&Aの3倍を超えている。事業会社への売却（M&A）と他のベンチャーキャピタルのファンド等へのセカンダリー・セール（売却）を合わせても24％であり，株式公開の1.4倍程度しかない。一方，アメリカでは2001年以降，ベンチャーキャピタルのエグジットは80％以上がM&Aまたは売却であり，IPOは20％以下にすぎない（図表14－8）。しかし，レコフデータ（2019）によれば，2016年以

図表14－7　日本のベンチャーキャピタルのエグジット方法（2014年）

|  | 件数 | 構成比 |
|---|---|---|
| 株式公開 | 116 | 17% |
| M&A | 36 | 5% |
| 売却 | 130 | 19% |
| 償却・清算 | 70 | 10% |
| 会社経営者等による買戻し | 276 | 40% |
| その他 | 54 | 8% |
|  | 682 | 100% |

（注）　M&Aは経営権の移転を伴う売却。売却はセカンダリーファンド等への売却。
（出所）　ベンチャーエンタープライズセンター（2015）図表1－1－16，図表1－1－17より筆者作成。

降日本のベンチャービジネスのM&Aによるエグジット件数は増加している。そのため，日本のベンチャーキャピタルも保有株式をM&Aで売却する比率が今後高まる可能性はある。

図表14－8　アメリカのVC出資企業のエグジット推移

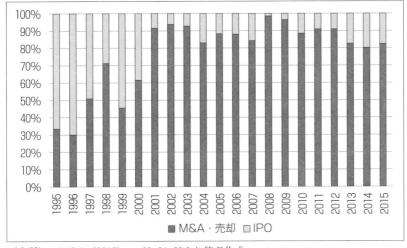

（出所）　NVCA（2016）pp.62-64, 68より筆者作成。

## ⑥　ベンチャービジネスとM&A

　ベンチャービジネスができるだけ短時間での成長を志向する場合，必要だが自社には無い経営資源あるいはそれを持つ他社を何らかの方法で自社内に取り込むことが不可欠となる。その有効な手段の1つがM&Aである。そのため，ベンチャービジネスの経営者にとってM&Aは魅力的な戦略手法となりうるとともに，実際に数多く活用されている。しかし，M&Aは会社の経営権と引き換えに多額の資本が投入される投資であるため，買い手になるにしても売り手になるにしても，事前の慎重な検討と計画策定，そして事後の適切な管理運営が重要になる。これらを踏まえて活用すれば，今後もM&Aはベンチャービジネスの成長に有効な手法となり続けるであろう。

**【脚　注】**

1)　なお，MTBレポートの買収金額データは，全21,844件のうち把握できた3,328件（15.2%に相当）の買収金額のデータである。そのため，実際のスタートアップM&Aのうち，比較的小規模の案件は把握されにくい可能性がある。

**（参考文献）**

坂本恒夫・文堂弘之編著『M&Aと制度再編』同文舘出版，2010年。

坂本恒夫・文堂弘之編著『ディール・プロセス別 M&A戦略のケース・スタディ』中央経済社，2008年。

坂本恒夫・文堂弘之編著『図解　M&Aのすべて』税務経理協会，2006年。

ベンチャーエンタープライズセンター（2015）『ベンチャー白書2015　ベンチャービジネスに関する年次報告2015年度版』一般財団法人ベンチャーエンタープライズセンター。

レコフデータ（2019）『MARR』第292号（2019年2月号）。

Mind the Bridge（2018），*Tech Startup M&As 2018 Report*, https://mindthebridge.com/mtbcrunchbase-techstartup-mas-2018/

National Venture Capital Association（NVCA）（2016），NVCA Yearbook 2016, https://nvca.org/wp-content/uploads/delightful-downloads/2016/11/NVCA-2016_Final.pdf

（文堂　弘之）

# 第15講　大企業との関係

## 1　はじめに

　第2次安倍内閣は2016（平成28）年6月公表の『日本再興戦略2016－第4次産業革命に向けて－』にて掲げた目標である名目GDP 600兆円を実現するために「有望市場を戦略的に創出し」，「供給制約を克服し生産性を引き上げ」，「新たな産業を支える人材を強化する」ことを重点課題としている[1]。とりわけ「有望市場の戦略的創出」については，官民一体で社会を取り巻く環境変化の現状および将来展望についての認識を共有し，新たな有望市場を創出する「官民戦略プロジェクト10」に着手することの必要性を強調している[2]。

　この再考戦略の副題に示される「第4次産業革命」とは上で述べた環境変化と密接な関わりを有している。企業組織を取り巻く環境は図表15－1に示されるような階層構造として図示できるが，自然に次いで基底をなす科学技術は社会・文化から上の階層に重大な影響を与えうる。この科学技術の発展を有望市場の創出につなげるための担い手として，研究開発に重きを置くベンチャー企業の成長・活躍が期待されているのである。

　しかしながら新卒者には公務員職や大企業への就職を希望する安定志向が顕著であり，リスクを避ける傾向がある。事業展開に相対的高リスクを伴うベンチャー企業の活躍については部分的に確認できるものの，米国のようなベンチャーの起業や投資実績は確認できない[3]。ベンチャー企業が抱えるリスクを軽減する方法としては，これら企業を支援する仕組みを整えるとともに，研究開発や資金調達の分野において他企業，とりわけ大企業との連携をいっそう推進すること等があげられる。

　以上の問題意識をもとに，本講では新市場創出のための研究開発型ベンチャー企業と大企業（会社法上の大会社あるいは上場会社）との連携に焦点を当て

る。2節では科学技術環境の変化（第4次産業革命）により創出される新市場・新事業の担い手としてのベンチャー企業の重要性を明らかにする。3節では大企業とベンチャー企業との連携を阻む要因について確認し，その対応策について紹介する。4節ではベンチャー企業と大企業との連携の成功事例を紹介する。5節では今後の課題について指摘する。

## ② 産業構造の変革時におけるベンチャー企業の役割

### (1) 第4次産業革命とは何か

　一般に産業革命といえば，「蒸気機関」により得た動力を活用することで産業構造の転換（軽工業化）が進展した18世紀後半のイギリスを思い浮かべる。ただし，現代から過去を振り返ってみると，このような産業構造の転換はその後数回起きている。まず指摘できるのは，19世紀後半のアメリカ等を中心に生じた第2次産業革命である[4]。その内容は石油を用いた火力発電によって工場での大量生産を可能にしたこと（重化学工業化）である。

図表15－1　組織を取り巻く環境の階層構造

（注）　著者作成。

　これに続く第3次産業革命とは，20世紀後半から始まった，コンピュータによる機械操作・情報処理の自動化および省力化を指す。家電部門ではアナログ製品からデジタル製品へ製造技術の一大変革が生じており，情報機器がインターネットで結ばれる「情報化社会」が出現・進展したことで業務の効率化，

生活の利便性向上等に大きく貢献した[5]。それでは，今後進展が予想される第４次産業革命とはどのような内容であろうか。この点について『日本再興戦略2016』は次のように説明している。

　　今後の生産性革命を主導する最大の鍵は，IoT（Internet of Things），ビッグデータ，人工知能，ロボット・センサーの技術的ブレークスルーを活用する「第４次産業革命」である。＜中略＞ IoTにより全てのものがインターネットでつながり，それを通じて収集・蓄積される，いわゆるビッグデータが人工知能により分析され，その結果とロボットや情報端末等を活用することで今まで想像だにできなかった商品やサービスが次々と世の中に登場する[6]。

　上の説明は「情報化社会」がよりいっそう進展し，情報機器以外のさまざまな工業製品がインターネットに接続され，そこから得られる情報の分析・学習等がさらなる製品開発・新規サービス提供や市場開拓へ展開していくことを示唆するものである。

## ⑵　イノベーションの担い手としてのベンチャー企業

　このような産業構造の変革（図表15-2）が有望市場の戦略的創出にどのように結びつくかについて，『日本再興戦略2016』から再度引用してみよう。

　　第４次産業革命は，技術やビジネスモデルがどう革新していくのか，方向性を予見するのが難しく，絶対的にスピードが重視される時代である。＜中略＞。産官学の英知を結集し，将来のあるべき姿を官民で共有し，そこからバックキャストすることで，技術と我が国の強みをいかしたビジネス戦略を検討する。そして，そうした中で，民によるビジネスモデルの作り込みと官による規制・制度改革，官民協調による技術開発の推進やデータプラットフォームの創出促進など具体的なプロジェクトを推進していくことが必要である[7]。

図表15－2　産業構造の変革プロセス

| 産業革命のタイプ | 第1次産業革命 | 第2次産業革命 | 第3次産業革命 | 第4次産業革命 |
|---|---|---|---|---|
| 特徴 | 動力の獲得（石炭による蒸気機関） | 動力の変革（石油・モーターによる火力発電） | 電子機器とIT導入による生産活動のさらなる自動化 | IoT，人工知能，ロボットの活用による自律化と協調 |
| 産業への影響 | 軽工業（大量生産） | 重化学工業（大量生産・大量販売） | 特定の産業における情報化（自動化と省力化）の進展 | あらゆる産業の需要側と供給側のネットワーク化 |

（出所）　経済産業省経済産業政策局（2015）13ページ，経済産業省製造産業局
　　　　（2016）1ページ，三菱総合研究所（2017）6－7ページより引用し作成。

　このように，官民一体となって市場を創出・育成するために規制改革，行政
手続きの緩和，省力化のための一層のIT活用を通じた生産性向上の施策を講
じる必要があり，同時にイノベーションを起こす担い手の育成も急務となる。
そこで注目されるのがオープンイノベーションであり，大企業の提携先として
のベンチャー企業となる[8]。

　オープンイノベーションとは，研究開発や新事業モデル開発を促進するため
に自社単独ではなく他企業等が有する技術・データ・ノウハウを取り込み，自
社のそれと組み合わせることである。ここでの提携先は企業に限定されないも
のの，第4次産業革命の概要を見る限り，研究機関や開発型ベンチャー企業が
有力な想定先となる。

　ベンチャー企業の場合，設立時点での小規模性は中小企業に類似する。ただ
し，革新的な事業がもたらす将来の成長期待が高いゆえに事業リスクの高さは
中小企業の比ではない。ベンチャー企業が単独で安定的に成長することは困難
であるため，経営資源が豊富な大企業と連携することは有効な方法だといえる。

# ③　ベンチャー企業と大企業との連携を阻む要因

## (1)　連携の方法

　第2次世界大戦後の我が国が高度成長を遂げたのは重化学工業が産業構造の中核をなす時代であった。先に述べた「第2次産業革命」の恩恵を受けた当時の大手事業会社は川上・川下へ向けた統合を推し進めた[9]。典型的であったのは自動車組立業であり，組立メーカーが部品等の製造を担う下請け企業を系列化し，取引関係を通じた支配・非支配の関係が形成され，さらに，販売会社等を子会社もしくは関連会社とすることもあった。

　このような大手企業と下請け・販売会社の関係と，本講が対象とする企業間連携との違いは何であろうか。第1に，前者の関係は取引関係や資本関係を基礎とする支配・被支配的な系列関係であるが，後者のそれは研究開発事業等における協力関係であるため，対等・補完的な関係を構築しやすい点である。

　第2に，大企業主導による下請け企業との協業（部品製造等）の場合，成果配分において下請け企業は劣位の存在となりやすい点である。それに対して対等・補完的な関係の場合，自社の強みである技術の供与や研究開発の対価として，契約に基づき報酬を受け取ることになるため，契約や報酬に不満があるならば関係解消を比較的スムーズに行いうるという利点がある。

　大企業との共同開発だけでなく，出資や融資を受けることも有力な提携の方法である。出資・融資が部分的もしくは将来的に解消可能な関係であっても，事業リスクが高いベンチャー企業にとって必須の経営資源を獲得できる数少ないチャネルとなるからである。出資額の大幅増加により大企業の連結子会社や関連会社になる場合であっても，ベンチャー企業側が多大なメリットを享受できるならば，これも連携の範疇に属する[10]。

　以上の説明から明らかだが，ベンチャー企業と大企業との連携は，大企業がベンチャー企業の裁量性を奪いかねない垂直統合的な関係よりも水平分業的な関係を志向するものである[11]。自前で獲得できないアイディア・技術・ノウハウを活用すること，他企業・団体からの資金提供を受けつつ新技術・新市場を

開発・開拓し，比較的対等の立場で正当な成果報酬を受け取ることのできる企業間関係が「連携」なのである（図表15－3）。

**図表15－3　大企業から見たベンチャー企業との連携の方法**

| 連携の方法 | 商品・サービスの売買取引 | 共同開発技術提携 | 出資融資 | グループ企業化（子会社化等） |
|---|---|---|---|---|
| 支配権 | なし | なし | 一部あり | あり |
| 資金負担 | 小 | 小 | 中 | 大 |
| 技術等の取り込み | 不可 | 契約次第 | 契約次第 | 可能 |
| 連携見直しの柔軟性 | 大 | 大 | 中 | 小 |

（出所）　経済産業省産業技術環境局（2018）10ページより引用（一部表現を変更）。

## ⑵　ベンチャー企業と大企業の連携を阻む「壁」

　経済産業省は2017（平成29）年に『事業会社と研究開発型ベンチャー企業の連携のための手引き（初版）』を，翌2018（平成30）年には第二版（以下，『手引き』）を公開した。

　この『手引き』は，我が国におけるベンチャー企業の成功事例が米国と比較して少ない理由のひとつに「大手事業会社の不十分な連携」があるという認識のもと，連携の取り組みを加速化させるために作成された[12]。そして，事前に実施された実態調査において，「双方が連携の際にぶつかる壁」が存在し，「大企業のベンチャー企業との連携経験」や「連携を促し加速化するための取り組み事例」の少ないことが明らかとなった[13]。

　『手引き』に明記される「大手の事業会社の立場から見た連携を阻む壁とその対応策」は次のとおりである（図表15－4）。番号①及び④は連携の必要性についての認識不足から生じる。経営者は長期的に見てベンチャー企業との連携の必要性こそ感じるものの，将来ビジョンを説得的な指示に落とし込めず，指示を受ける現場側は無駄骨や失敗を避けようとする状況がこの壁に該当する。よって対応策としては他社の成功事例や連携状況を伝えるなどして，連携へコミットするよう経営陣を説得することが肝要となる[14]。

図表15-4　ベンチャー企業との「連携を阻む壁」とその「対応策」

| レベル | | 連携を阻む壁 | 対　応　策 |
|---|---|---|---|
| 経営レベル | ① | 経営が連携の必要性を理解していない | 情報提供や説得により経営陣の理解を促す。<br>他社の連携状況を伝え経営陣に危機感を持たせる。 |
| | ② | 連携領域が不明確 | 全社戦略を踏まえて連携の領域を決定する。<br>社内ニーズを踏まえ連携先に求める要素を決定する。 |
| | ③ | 組織・権限，人材の未整備 | 既存部門以外に責任を持つ部門を設置する。<br>連携業務に適した人材を配置する。 |
| 現場レベル | ④ | 現場が連携の必要性を理解していない | チャレンジする姿勢を評価する仕組みの導入。 |
| | ⑤ | 連携先の探索 | 適切な探索手法を選択する。<br>VB社会における評価を高め探索を容易にする。 |
| | ⑥ | 連携先との契約・知財の交渉 | 交渉時にWIN-WIN関係の構築に努める。<br>外部専門家を活用し連携のノウハウを強化する。 |
| | ⑦ | 他部門との調整 | 経営トップが優先順位を明示する。<br>他部門から独立した主体として投資決定等を行う。 |
| | ⑧ | 連携開始後のマネジメント | KPIを設定し，プロジェクトのPDCAサイクルを回しつつも環境変化に柔軟に対応する。 |

（出所）　経済産業省産業技術環境局（2018）45-74ページより引用し作成。

　番号②は全社レベルの戦略にベンチャー企業との連携が明示されていないことから生じる壁であるため，全社戦略に連携を組み込み，事業部門のニーズや事業創出コンセプトを起点としてベンチャー側に求める要素を明確化する必要があることを指摘している[15]。番号③は連携を決定・管理する部門を組織化し権限・責任を明確にしなければその推進が困難になることを示唆している[16]。

　番号⑤は，具体的な方法や情報がない状態での連携先の探索は困難を極めるため，戦略的意図を持ち，連携への積極性を外部に情報発信しつつ，連携先の特徴を見極めることの必要性を指摘している[17]。番号⑥は双方の関係が対等もしくはそれに近いことが条件となるため，ベンチャー企業を下請けと見なすべきではないこと，知財・法務に関する第3者かつ専門家的立場からの意見を活

用しつつ交渉することの有効性を指摘している[18]。

　番号⑦は連携に関わる他部門との調整が負担となることを示している。負担軽減のためには，全社的な戦略の枠組みに従いつつも独立主体として投資を決定・評価する仕組みづくりが不可欠となる[19]。番号⑧は連携事業を推進するための目標設定及びそれを達成するための活動をマネジメントサイクルの手順に従いつつも柔軟に運営することが，新たな壁の発生を防ぐ上で不可欠であることを強調している[20]。

## 4　ベンチャー企業と大企業との連携事例

　さまざまな要因が壁となってベンチャー企業と大企業の連携を不十分なものにしている状況が確認される中，実績をあげている企業もある。日本ベンチャー大賞の「ベンチャー企業・大企業等連携賞」受賞企業はその典型といえるだろう。本節ではこの賞を受けたベンチャー企業の事業概要及び大企業との連携について紹介する。

### (1)　CYBERDYNE株式会社と大企業の連携事例[21]
①　CYBERDYNE株式会社（以下，サイバーダイン）の事業概要

　サイバーダインは人・ロボット・情報系の融合複合領域であるサイバニクスを駆使することによってさまざまな社会的課題を解決するため2004年に設立された。2013年に世界初のパーソナルケアロボットの国際規格を取得し，また，国内外で医療用HALの臨床研究・治療・治験を実施し，2014年3月に東証マザーズへ上場している。

②　大和ハウス工業株式会社（以下，大和ハウス）との連携

　大和ハウスは，これまで手掛けてきた住宅，商業施設，医療・介護施設等とサイバーダインのロボット事業を融合させることを通し，国内外の医療・介護現場での労働力不足を補い，障害者や高齢者の自立動作を支援している。

　ロボット事業に関する業務提携の際，大和ハウスはサイバーダインによる第3者割当増資を引き受けることで資金調達を支援するなど，2007年から2012年

にかけて約40億円を出資している。この資金は「サイバーダインつくば研究開発センター」の着工資金，研究開発資金や運転資金として活用されている。

### (2) 株式会社ZMPと大企業との連携事例[22]

① 株式会社ZMP（以下，ZMP）の事業概要

ZMPはロボットテクノロジー時代の到来に備えたロボット産業への参入を目的に2001年に設立された。人工知能の集積である二足歩行ロボットなどで得られた自動運転，自律移動技術を活用して自動車，農機，航空などのさまざまな産業分野において自動化の実現を試みている。

② ソニーモバイルコミュニケーションズ株式会社（以下，SMC）との連携

SMCはZMPとの合弁会社「エアロセンス株式会社」を2015年8月に設立している。SMCのカメラ，通信ネットワーク，ロボット技術とZMPの自動運転，ロボット技術等を活用し自律飛行ドローンによる画像撮影及びデータ解析サービスを提供している。

### (3) 株式会社プリファード・ネットワークスと大企業の連携事例[23]

① 株式会社プリファード・ネットワークス（以下，PFN）の事業概要

PFNは検索エンジンの開発を主たる事業としていたプリファード・インフラストラクチャーから2014年3月にスピンアウトして設立された。

PFNはIoTの発展と人工知能の進化という2つの流れを融合させることで新たなイノベーションを生み出すために分散協調的なエッジヘビーコンピューティングを提唱し，そのためのプラットフォーム製品の開発・提供を行っている。重点事業領域として「交通システム」，「製造業」，「バイオヘルスケア」の3領域が掲げられている[24]。

② ファナック株式会社（以下，ファナック）との連携[25]

ファナックは世界最先端のオンファクトリーオートメーション，ロボット等のメーカーだが，工作機械やロボットをコアとするモノづくりの現場における高度な自動化を目指す手段として機械学習や深層学習に着目し，2015年から

PFNとの業務提携（共同開発・出資等）を開始している。ファナックが長年培ってきた機械の制御技術や信頼性の高いハードウェアにPFNのAI技術を融合することでモノづくりの現場の高度な自動化を実現している。

### (4)　株式会社ソラコムと大企業の連携事例[26]

① 　株式会社ソラコム（以下，ソラコム）の事業概要

ソラコムはIoT通信をリーズナブルかつ使いやすく提供し，アイディアを持つ誰もがIoTプレイヤーとなりうる環境を醸成することでイノベーションが創出されるプラットフォームになることを目指して2015年に設立された。

② 　KDDI株式会社（以下，KDDI）との連携

KDDIとソラコムはIoT回線サービス「KDDI IoTコネクト Air」を共同開発し，クラウド上に構築された携帯通信コアネットワーク「SORACOM vConnec Core」をソラコムからKDDIに提供している。

なおKDDIは2017年8月にソラコム株式の過半数を取得して同社を連結子会社とする方針を発表した。ソラコム側がKDDIに株式譲渡した背景には「ベンチャーファンドの運用期限の問題」，「技術指導型ベンチャーゆえの短期業績の変動」，「事業の海外展開に不可欠な大手企業の信用力」，「技術的課題への対応を最優先」等があるようだ[27]。

この日本ベンチャー大賞の歴史はまだ浅いものの，ベンチャー企業の経営努力にフォーカスする同賞から評価された企業の今後の成長が期待される。

# 5　おわりに

　本講では，科学技術の発展がもたらす産業構造の変化を新市場創出の好機と捉え，それを活かしうる仕組みの整備，その担い手の育成方法の一つとして，研究開発型ベンチャー企業と大手事業会社との連携について考察してきた。

　ただし実際には大学や異業種との連携，自治体・中小企業との連携等など，さまざまなパターンの連携が存在しうる。構想段階での「抽象的な連携イメージ」を潜在的ニーズに応えつつ実現するためには，中央・地方そして官・民の総合的な協業が必要不可欠である。

## 【脚　注】

1)　内閣府（2016）1ページ。
2)　同上，2ページ。
3)　日本政策投資銀行（2017）1－8ページ。
4)　経済産業省産業政策局（2015）13ページ，三菱総合研究所（2017）6－7ページ。
5)　同上，同ページ。
6)　内閣府，前掲資料，2－5ページ。
7)　同上，5ページ。
8)　同上，36ページ
9)　野口（2018）64－69ページ
10)　経済産業省産業技術環境局（2018）10ページ。
11)　野口，前掲書，84－92ページ。
12)　経済産業省産業技術環境局，前掲資料，6ページ
13)　同上，6ページ。
14)　同上，46ページ。
15)　同上，50ページ。
16)　同上，55ページ。
17)　同上，59ページ。
18)　同上，67ページ。
19)　同上，69ページ。
20)　同上，73ページ。
21)　ベンチャー創造協議会（2015）。
22)　ベンチャー創造協議会（2016）。
23)　ベンチャー創造協議会（2017）。
24)　プリファードネットワークスHP。

25)　経済産業省産業技術環境局（2018）30ページ。
26)　オープンイノベーション・ベンチャー創造協議会（2018）。
27)　東洋経済ONLINE（2017）。

**（参考文献）**

オープンイノベーション・ベンチャー創造協議会（2018）「第4回『日本ベンチャー大賞』パンフレット」
　　http://www.meti.go.jp/press/2017/02/20180222002/20180222002-1.pdf（2019年2月7日アクセス）。

経済産業省産業技術環境局（2018）「事業会社と研究開発型ベンチャー企業の連携のための手引き（第二版）」https://www.meti.go.jp/policy/tech_promotion/venture/tebiki2.pdf（2019年2月7日アクセス）。

経済産業省産業政策局（2015）「新産業構造部会の検討の背景とミッション　第1回産業構造審議会　事務局説明資料」https://www.meti.go.jp/shingikai/sankoshin/shinsangyo_kozo/pdf/001_06_00.pdf（2019年2月10日アクセス）。

経済産業省製造産業局（2016）「第4次産業革命 "我が国製造業の課題と今後の取組"」http://iv-i.org/wp/wp-content/uploads/2017/04/170309_P01.pdf（2019年2月26日アクセス）。

東洋経済ONLINE（2017）「ソラコム社長，KDDIへの株譲渡の真相を語る　世界規模のIoT企業になる，そのために選んだ」https://toyokeizai.net/articles/-/186020（2019年2月10日アクセス）。

内閣府（2016）『日本再興戦略2016』https://www.kantei.go.jp/jp/singi/keizaisaisei/pdf/2016_zentaihombun.pdf（2019年1月31日アクセス）。

野口悠紀雄（2018）『産業革命以前の未来へ　ビジネスモデルの大転換が始まる』NHK出版。

日本政策投資銀行（2017）「近年の日米ベンチャー起業から見える日本の起業活性化に向けた課題」（今月のトピックス No.270-1）https://www.dbj.jp/pdf/investigate/mo_report/0000170428_file3.pdf（2019年2月7日アクセス）。

プリファードインフラストラクチャーHP（https://preferred.jp/）2019年2月7日アクセス。

プリファードネットワークスHP（https://www.preferred-networks.jp/ja/）2019年2月7日アクセス。

ベンチャー創造協議会（2015）「第1回『日本ベンチャー大賞』パンフレット」https://www.joic.jp/files/venture-award-1st.pdf（2019年2月7日アクセス）。

ベンチャー創造協議会（2016）「第2回『日本ベンチャー大賞』パンフレット」http://www.meti.go.jp/press/2015/02/20160226008/20160226008-a.pdf（2019年2月7日アクセス）。

ベンチャー創造協議会（2017）「第3回『日本ベンチャー大賞』パンフレット」warp.da.ndl.go.jp/info:ndljp/pid/10310120/www.meti.go.jp/press/2016/02/20170220006/

20170220006－1.pdf（2019年8月30日アクセス）。

三菱総合研究所（2017）「第4次産業革命における産業構造分析とIoT・AI等の進展に係る現状及び課題に関する調査研究報告書」
http://www.soumu.go.jp/johotsusintokei/linkdata/h29_03_houkoku.pdf（2019年2月23日アクセス）。

（落合　孝彦）

# 第16講　エグジット

## 1　はじめに

　従来，日本のベンチャー企業のエグジット方法としては，株式上場（IPO：initial public offering）を目指すことが主流であったが，ベンチャー企業がM&Aにより事業会社の傘下に入るケースも増えてきている。大手IT企業が設立後数年のスタートアップ企業を買収するケースも出てきており，起業家のエグジット方法としてM&Aが注目されるようになってきている。

　本講では，ベンチャー企業のM&Aによるエグジットの特徴と課題について明らかにする。まず，ベンチャー企業のエグジットに関係する用語の整理を行う。次に，起業家やベンチャー・キャピタル・ファンドのエグジット方法について述べる。そして，日本の大手企業やバイアウト・ファンドがベンチャー企業を買収した事例について触れた上で，ベンチャー企業のM&Aによるエグジットの課題について考察する。

## 2　エグジットに関する用語の整理

　ベンチャー企業のエグジットを語る上で，「エグジット」，「M&A」，「バイアウト」，「シリアル・アントレプレナー」という用語の意味を理解することは重要である。本節では，これらの用語の整理を行う。

### (1)　エグジット

　エグジット（exit）は，経営や投資の領域でも用いられる用語である。特に，ベンチャーやM&Aの領域でしばしば用いられる。「出口」や「退出」を意味するが，ベンチャーの領域では，起業家が事業を売却して投下資本の回収を図ることや，売却後に当該企業の経営を退くことを指す。また，ベンチャーに限

らず，オーナー企業の創業者が保有株式の売却を図る際にも用いられる。

　さらに，バイアウト・ファンドやベンチャー・キャピタル・ファンドなどのプライベート・エクイティ・ファンドが保有株式を売却し，投資資金を回収するケースにも使用される用語である[1]。新聞報道などでは，「エグジット（投資資金の回収)」と表記されることも多い。

　ベンチャー企業を創業した起業家がエグジットを果たす場合に，売却後も当該企業の経営に関与するか経営から退くかは重要な論点である。起業家が売却後に当該企業の経営から引退して新たな道へ進むこともあれば，売却後もそのまま続投して経営に従事することもある。

### (2) M & A

　M&A（mergers and acquisitions）は，企業の合併・買収を示す用語であるが，ベンチャー企業のM&Aという場合には，買収における買手の視点と売手の視点で捉えることができる。買手は，既存事業の強化や多角化の一環として，シナジー効果を期待して買収に参画することになる。一方，売手の大株主は，保有株式の現金化を図るが，取引を通じてエグジットを達成することとなる。ただし，買手企業が第三者割当増資のスキームのみを用いて対象企業を子会社化する場合には，起業家が保有する株式の現金化は実現しないため，この場合はエグジットしたことにはならない。

### (3) バイアウト

　バイアウト（buy-outs）は，「経営陣，従業員などの個人やバイアウト・ファンドなどの投資会社が，単独もしくは株主グループを形成し，企業の新たな経営権を掌握する買収取引」を指す[2]。図表16－1が示すように，戦略的M&Aとバイアウトは，買収主体が，「企業」であるのか，「経営陣」・「従業員」などの個人や，「バイアウト・ファンド」などの投資会社であるのかにより区別される。M&Aと呼ばれるときの買収は，企業が別の企業・事業部門を戦略的に買収することを指し，バイアウトとは，経営陣，従業員，バイアウト・ファン

ドなどの投資家が，企業・事業部門を買収することを指すということになる。バイアウト取引のうち経営陣が自己資金を拠出するケースについては，MBO（management buy-outs）と呼ばれることもある。バイアウト・ファンドが出資するケースについては，一定期間を経た後に株式が売却されてエグジットの達成が行われるという特徴がある。

　昨今，ベンチャー起業家がM&Aで事業を売却してエグジットすることを「バイアウト」と表現する論者も存在するが，その用法は間違いであると考えられる。「バイアウト」は，「買収」を意味し，「売却」を意味するものではない。

図表16-1　戦略的M&Aとバイアウトの概念の比較

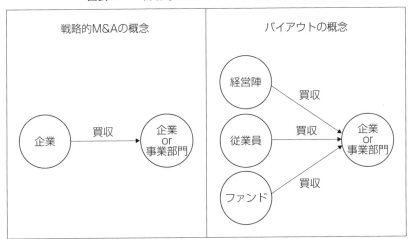

（出所）　筆者作成。

### ⑷　シリアル・アントレプレナー

　シリアル・アントレプレナー（serial entrepreneur）とは，起業したベンチャー企業を売却し，別のベンチャー企業を立ち上げて二回目（あるいは三回目・四回目のケースもあり得る）の起業を果たすアントレプレナーのことを指す。日本では，「連続起業家」とも訳されている。意欲のあるシリアル・アントレプレ

ナーの存在は，ベンチャー企業のM&Aによるエグジットの増加要因となる。

　日本におけるシリアル・アントレプレナーの例としては，フリマアプリの企画・開発・運用を行うメルカリの代表取締役会長兼CEOを務める山田進太郎氏が該当する。山田氏は，2000年代前半にウノウを創業し，新作映画情報サイト（2009年にぴあに事業譲渡），写真共有サービス，ソーシャルゲームなどの事業を開発していたが，2010年8月にZyngaに売却した（ウノウはZynga Japanに商号変更）。そして，山田氏は，2012年1月にZyngaを退職し，2013年2月にメルカリを設立した。その後，メルカリは，2018年に東証マザーズ市場への上場を果たしている。

## ❸　ベンチャー企業のエグジット方法

　本節では，ベンチャー起業家やベンチャー・キャピタル・ファンドが保有する株式のエグジット方法について，それぞれの特徴を明らかにする[3]。

### (1)　株式上場

　株式上場によるエグジットとは，ベンチャー起業家やベンチャー・キャピタル・ファンドが保有する株式を，証券会社を通じて不特定多数の一般投資家に売却することである。起業家を含む既存の大株主が保有株式を市場に放出することは，「株式の売出し」と呼ばれる。大株主の持株比率が高い株式公開では，ロックアップ契約が締結されることもある。ロックアップ契約とは，ベンチャー・キャピタル・ファンドや創業者などの大株主に，一定期間の株式の売却を禁止する制度である。

　株式上場時において，起業家がすべての保有株式を譲渡することは難しい。また，株式上場後もそのまま続投して経営に従事することになるため，上場時に株式の一部現金化は達成できるものの経営からすぐに退くという構図にはならない。

## (2)　M&Aによる株式売却

　M&Aは，ストラテジック・バイヤーが企業の50％超の株式を取得し，対象会社を子会社化する取引である。スキームとしては，現金を対価とする株式譲渡と株式を対価とする株式交換があり，前者の取引において起業家やベンチャー・キャピタル・ファンドが保有株式を売却すればエグジットを達成する。

### ①　株式譲渡（＝現金対価）

　株式譲渡によるM&Aは，買手企業が，買収対象会社の株式を対象会社の既存株主から現金を対価として取得することにより，対象会社を子会社化する方法である。この取引により，株式を売却する起業家やベンチャー・キャピタル・ファンドがエグジットを達成する。優位性としては，一度にすべての保有株式を売却できる可能性もあり，エグジットの範囲が広いという特徴があげられる。また，ベンチャー企業としては，事業会社の傘下に入ることで親会社とさまざまな協業ができる可能性が広がるという優位点があり，十分な事業シナジーが見込める先なのかを見極めることが重要になる。

　買手による取得比率については，100％取得により完全子会社化を行う場合もあれば，51％程度のケースも存在する。また，M&A後に株式上場を目指すという選択肢も考えられる。

### ②　株式交換（＝株式対価）

　ベンチャー企業が，株式交換により上場企業の傘下に入ることもある。ただし，この場合は，株式を対価としてM&Aが実施されることから，大株主である起業家やベンチャー・キャピタル・ファンドの保有株式が直ちに現金化されるわけではない。大株主は，未上場ベンチャー企業の株式を手放すのと引き換えに，上場企業の株式を新たに保有し，市場内外で段階的に売却していくこととなる。

## (3)　バイアウト・ファンドへの売却

　バイアウト・ファンドがベンチャー企業を買収する取引において，起業家やベンチャー・キャピタル・ファンドがエグジットを達成することも可能である。

このような取引が成立することは，起業家やベンチャー・キャピタル・ファンドのエグジットの選択肢が増えることとなり，またバイアウト・ファンドの案件のソーシング・ルートの一つにもなることから，ベンチャー企業のエグジット市場とバイアウト市場の双方の活性化を促進させることとなる。なお，バイアウト・ファンドへの売却では，売手と買手のバイアウト・ファンドの価格目線が合うことや，分散している株主からの合意が得られるかが成立への鍵となるが，この点はM&Aによるエグジットの際の留意点と同様である。

　起業家やベンチャー・キャピタル・ファンドが保有しているマイノリティ株式のみを取得するセカンダリー・ファンドも一部存在する。

### (4)　株式の買戻し

　株式の買戻しとは，投資先企業が生み出したキャッシュでベンチャー・キャピタル・ファンドの保有株式を買い戻すことである。投資先企業の手持ち資金に余力があり，株式市場から資金調達をする必要性に乏しい場合で，かつ独立性を維持した事業運営を志向する場合の選択肢として有効な手段である。

　ベンチャー・キャピタル・ファンドの持株比率が高い案件では，一度にすべての株式を買い戻すことは困難であるため，段階的に買戻しを行うことも検討される。また，事業会社への戦略的売却と株式の買戻しを組み合わせてベンチャー・キャピタル・ファンドがエグジットを図ることも有効な手段である。

### (5)　破産・清算

　破産・清算は，ゴーイング・コンサーンとしての企業の存続を断念し，債権の回収，債務の返済，株主への残余財産の分配を行うことである。破産・清算は，ベンチャー・キャピタル・ファンドの投資の失敗を意味する。業績の回復の目途が立たず，新たな支援者も現れないケースにおけるエグジット手段である。なお，回復の可能性のある事業のみを譲渡した後に清算する方法もありうる。

## ④　大手企業によるベンチャー企業のM&Aの事例

　本節では，大手企業によるベンチャー企業のM&Aの事例について触れた上で，M&Aによるエグジットの優位性について考察する。図表16−2は，IT・通信領域の近年の日本の大手企業によるベンチャー企業の主要M&A事例を示しているが，既に創業者が経営から退いて次の道に進んでいるケースも存在する。以下，Fablicとソラコムの事例について概説する。

図表16−2　近年の日本の大手企業によるベンチャー企業の主要M&A事例

| 年　月 | 案件名 | 事業内容 | 買手企業 |
|---|---|---|---|
| 2012年9月 | コミュニティファクトリー | ソーシャルアプリケーションの企画・開発 | ヤフー |
| 2014年10月 | nanapi | ハウツーサイト「nanapi」の運営 | KDDI |
| 2016年7月 | コマース21 | ECシステム開発およびECサイト構築 | ヤフー |
| 2016年8月 | Fablic | スマートフォンで個人間の売買取引ができるフリーマーケットアプリ「フリル」の企画・開発・運営 | 楽天 |
| 2017年2月 | Locopartners | 一流旅館・ホテルの会員制宿泊予約サイト「Relux」の運営 | KDDI |
| 2017年8月 | ソラコム | IoTプラットフォーム「SORACOM」の提供 | KDDI |
| 2018年8月 | dely | 料理レシピ動画サービス「kurashiru（クラシル）」の運営 | ヤフー |
| 2018年9月 | LOB | 広告プラットフォームの開発・提供 | 楽天 |

（出所）　各社プレスリリースなどの各種資料に基づき筆者作成。

### (1)　Fablicの事例

　Fablicは，VOYAGE GROUP出身の堀井翔太氏が2012年に創業し，スマートフォンのフリーマーケットアプリ「Fril（フリル）」の企画・開発・運営を行うベンチャー企業であった。2012年7月に日本初のフリマアプリとしてサービスを開始して以来，「顧客が本当に必要とするサービスを創る」という経営理念をもとに，順調にユーザー数を伸ばしてきた。スマートフォンのカメラで商

品を撮影するだけで出品することができるという手軽さから，主に10代後半から20代を中心とした女性層から支持されており，洋服やアクセサリーなどのファッショングッズや，主婦に人気のキッズ用品が出品されていた。

　2014年9月には，事業の一層の強化を目指し，人材採用および認知拡大に向けたテレビCMなどによるプロモーションを実施することを目的とし，クックパッド，コロプラ，ジャフコが運用するファンドを割当先とする第三者割当増資が実施され，総額10億円の資金調達が行われた。

　その後，2016年8月には，楽天が全株式を取得し，完全子会社化を行った。楽天も，2014年11月よりスマートフォンでの利用を中心としたフリマアプリとして「ラクマ」を提供してきたが，「ラクマ」は，各ジャンル均等に幅広いユーザー層を獲得しており，相互送客などにおいて補完し合いながら，顧客基盤の強化・拡大に取り組んでいくこととなった。具体的な施策としては，「フリル」においても「ラクマ」と同様に，楽天会員IDによるログインを可能にしたり，「楽天スーパーポイント」を活用したポイントキャンペーンを実施したりすることが想定されていた。そして，楽天グループが持つマーケティングに関する知見や膨大な顧客基盤と，Fablicが培ってきた高い企画・開発力を組み合わせることで，両社サービスにおける一層の利便性向上を図っていくこととなった。2018年2月には，「ラクマ」と「フリル」のサービスが統合された。

　M&Aに際しては，株式を保有していた創業者，事業会社，ベンチャー・キャピタル・ファンドが保有株式を売却してエグジットを達成している。創業者の堀井氏は，現在は運営から退いており，エンジェル投資家として活動している。

### (2)　ソラコムの事例

　ソラコムは，日本IBM基礎研究所でウェアラブルコンピュータの研究開発に従事していた経験のある玉川憲氏が，2015年9月にIoTプラットフォーム「SORACOM」のサービスの提供を開始したベンチャー企業である。2016年には，World Innovation Lab（WiL），Infinity Venture Partners，三井物産，

Pavilion Capital（シンガポール大手投資会社 Temasek Holdings 傘下のプライベート・エクイティ・ファンド），未来創生ファンド（スパークス・グループが設立したファンド）から資金調達を行い，海外現地法人を設立するなど事業の拡大に努めてきた。2017年には120を超える国と地域で利用可能となり，利用実績は2017年8月時点で7,000顧客を超えていた。

2017年8月には，KDDIがM&Aによりソラコムを連結子会社化し，KDDIの海外現地法人が提供するシステムインテグレーションと，ソラコムのIoT通信プラットフォームを融合し，グローバルな視点でIoTビジネスを推進していくこととなった。

なお，創業者の玉川憲氏は，M&A後も株式の一部を保有した上で引き続きソラコムの代表取締役社長として経営に従事している。

### (3)　M&Aの優位性

ベンチャー企業がM&Aによってエグジットすることの優位点としては，大手企業の資本力や経営基盤を背景として，新たな親会社の下で体制強化を図ることができるという点があげられる。具体的には，親会社からの経営者を含む人材派遣の支援が得られたり，親会社と共同で事業開発を行うなどのシナジー効果の発揮が期待できるが，これらは株式上場では得ることができない魅力である。

一方，起業家のエグジットという観点からは，株式の現金化の範囲が株式上場より広いという優位点があり，シリアル・アントレプレナーとして次の道へ進む場合において，M&Aは極めて魅力的なエグジット方法となる。

M&Aによるエグジットの課題としては，企業文化の統合や組織融合などが円滑に進むような工夫が必要となる点があげられる。

## ⑤　バイアウト・ファンドへの売却

近年，スタートアップから数年で急成長を遂げて事業基盤を確立させた企業の創業者がバイアウト・ファンドへ株式を売却するケースが登場している。本

節では，りらくとBAKEの事例について触れ，バイアウト・ファンドが株主
となることの優位性について考察する。

## (1)　りらくの事例

りらくは，2010年に大阪で創業し，60分2,980円の手頃な価格でリラクゼー
ションサービスを提供するベンチャー企業であったが，2010年の設立以来3年
間で250店舗以上を展開するまでに急成長を遂げた。そして，2013年には，創
業者オーナーが，保有株式をアドバンテッジパートナーズがサービスの提供を
行うファンドが設立した特別目的会社に譲渡した。

アドバンテッジパートナーズからは，成長戦略の立案やITシステムを含む
経営インフラの整備などの支援を受け，順調に店舗数を拡大していった。創業
者は新会社に一部再出資したが，現在は退任している。創業者の一人である竹
之内教博氏は，その後，コッペパン専門店「こぺてりあ」の事業を起業し，店
舗拡大を視野に入れており，シリアル・アントレプレナーとして活動している。

## (2)　BAKEの事例

焼きたてチーズタルト専門店「BAKE CHEESE TART」をはじめとするプ
レミアムスイーツ店を展開するBAKEは，2013年の創業からわずか4年間で，
看板ブランドの「BAKE CHEESE TART」などの多数のブランドを開発し，
約50店舗を展開するまでに成長したが，創業者である長沼真太郎氏は，2017年
に保有株式をポラリス・キャピタル・グループが運営するバイアウト・ファン
ドが出資する特別目的会社に譲渡し，会長に退いた。そして，BAKEは，ポ
ラリス・キャピタル・グループからの役員派遣も受けて，上場に向けたガバナ
ンス体制の強化を図りつつ，経営基盤の強化や海外展開の加速を通じて，さら
なる企業価値向上を目指していくこととなった。そして，2018年7月には，プ
ロフェッショナル経営者が代表取締役社長に招聘されている。

### (3) バイアウト・ファンドの傘下に入る優位性

　バイアウト・ファンドを株主に迎える優位点としては，独立性を維持しながら企業価値向上を目指すことができるという点があげられる。他の事業会社の傘下に入り，当該事業会社のグループ経営方針に組み込まれてしまうことを避けたい場合には，バイアウト・ファンドは有力なパートナーとなる。また，バイアウト・ファンドは多様なネットワークを有しており，人材の補強，マーケティング・チャネルの拡大，海外展開，事業提携などの多様な支援を受けることができる。創業者が引退して社内に後継者人材が見つからない場合には，バイアウト・ファンドのネットワークを活用してプロフェッショナル経営者を招聘することもしばしば行われている。また，CFO（chief financial officer），管理本部長，経営企画室長などが招聘されることも多い。

　起業家のエグジットという観点では，一度にすべての保有株式の現金化が可能であることから，M&Aと同様にエグジット範囲が広いという優位点も指摘できる。なお，創業者が一部株式を売却しつつも引き続き経営に関与しながら体制を整備していくこともある。将来的に引退することが前提であっても，一定期間は続投し，バイアウト・ファンドの傘下で後継者人材の選定・育成を行っていくことも可能である。

## ⑥　おわりに

　以上，ベンチャー企業のM&Aによるエグジットについて事例も含め述べてきたが，M&Aによるエグジットを達成し，次の起業でも成功を収める起業家が多数登場し，その成功事例の蓄積やキャリアの認知度が高まっていけば，「M&Aによるエグジット→次の起業」という循環が到来すると予想される。

　今後の課題については，ベンチャー企業のM&AにおけるバリュエーションやPMI（post-merger integration）の問題があげられる。ベンチャー企業のM&Aでは，赤字企業を買収するケースも存在し，キャッシュフローの予測が難しく，買収価格に反映しにくいという場合も存在するが，「高値つかみ」とならないようなプライシングの実務が重要となる。また，M&A後の事業統合や組織融

合を行うPMIについても重要な課題である。ベンチャー企業をM&Aで買収したものの想定通りの効果が出ずに売却した事例や事業を停止した事例なども散見されるため，PMIは大きな課題となる。

**【脚　　注】**

1)　プライベート・エクイティ・ファンドの投資回収を示す用語としては，「収穫（harvesting）」や「実現（realization）」という用語が使用されることもある。
2)　バイアウトの定義については，杉浦（2012）に詳しい。
3)　ベンチャー・キャピタル・ファンドの主要なエグジット方法については，杉浦（2011）に詳しい。

**（付　　記）**

　2018年12月22日（土）に明治大学で開催された「日本中小企業・ベンチャービジネスコンソーシアム第45回定例部会」にて研究報告を行った際には，明治大学名誉教授の坂本恒夫先生から多数のコメントや貴重なアドバイスを頂いた。この場を借りて御礼を申し上げたい。

**（参考文献）**

杉浦慶一（2011）「ベンチャーキャピタルのエグジット方法の多様化と課題」忽那憲治・日本証券経済研究所編『ベンチャーキャピタルによる新産業創造』中央経済社，272-290ページ。
杉浦慶一（2012）「バイアウトの定義に関する一考察」『東洋大学大学院紀要』第48集，東洋大学大学院，287-296ページ。
日本バイアウト研究所編（2016）『続・事業承継とバイアウト―小売・サービス業編―』中央経済社。
和家智也（2019）『M&Aエグジットで連続起業家（シリアルアントレプレナー）になる』クロスメディア・パブリッシング。

（杉浦　慶一）

# 第 V 部

## ケーススタディ

# 第17講　㈱インフラトップ

　2018年8月27日，株式会社インフラトップ代表取締役CEO（最高経営責任者）の大島氏を取材した。

　渋谷にある会社はシンプルにスッキリ整えられており，落ち着いた雰囲気であった。受付の左手には相談室・応接室と見られる個室が並んでおり，受付の正面ガラス張りの奥は広い教室になっていて，多くの人達が整然とパソコンに向かっていた。資料はPCに送るとのことで，一切紙のないことに驚かされた。紙がないことでよりスッキリと整っているのかもしれない。"教育領域のあり方に変革をもたらしたい"という思いのもとプログラミング学習サービスを立ち上げたそうである。そして大島氏は，僕たちのテーマは"イケてる"です。"グッとくる"サービスを展開します。と語ってくれた。

　この取材をした時は全くエグジット（株式上場またはM&Aにより大手企業へ売却）の状況ではなかったが，この3か月後にエグジットすることになる。成長のスピードが著しく速く，時間の波に乗る機敏さは，ITベンチャーの特徴であると共にCEOである大島氏の成長戦略といえるようである。

## ①　立ち上げ時の状況

　インフラトップの設立は2014年11月19日，23歳の時であった。設立当初は，お金もサービスも人もない中でとにかく泥臭く売上を立てることに邁進した。"労働の量が質に転化する"と考え，まずは量をこなすことが重要だと考えていた。数学をできるようになるためには，まずは泥臭く足し算や掛け算を覚えないといけないのと同じである。若いので体力だけはある。その強みを生かした。

　どういった世界を実現するのかをできるだけ早くから，そして具体的にしていたのがよかった。これからの時代において大切なのは「なぜやるか」である。

同じ1万円を稼ぐにも，人のためになって稼ぐ1万円と人を騙して稼いだ1万円では自分の気持ちよさ，幸福度は雲泥の差である。

特に難しかったのは社員の採用であった。多種多様な人を採用しすぎたことによって会社がまとまらなくなってしまったことがある。同じ価値観で同じ目標に向けて頑張っていける人材だけを集めるべきだったと反省した。どういう人を採用するべきか考えつくすべきであった。現在はその反省を基に人材確保をしている。

## ②　代表取締役履歴

小学校6年生から志していた経営者になるために，法政大学に入学と同時に50名ほどの経営者と会った。そして，大学2.3年の時，ドバイに渡りCSRを担う財団法人を設立し代表に就任した。スポンサーから1,500万円を集めてクラウドファンディングのシステム開発を行った。

大学4.5年の時，Seed投資を強化していきたいと考えていた株式会社サイバーエージェントベンチャーズにアソシエイトしてジョイン。Seed Generators Fundの立ち上げメンバーとして参画した。学業よりも仕事に力を入れていたことで大学を1年留年したものの，このVC（ベンチャーキャピタル）での経験は，後の起業に大いに役立った。大学を卒業し，新卒で株式会社リクルートジョブズIT戦略室に配属されタウンワーク，フロムエーのアプリマーケティングを担当。短いサラリーマン生活ではあったが，意思決定等のスピード感を養うことができ，論理性，適切性等を考える機会でもありよい経験になった。そして2014年，株式会社インフラトップを創業した。

**【会社概要】**

|  |  |
|---|---|
| 会社名 | 株式会社インフラトップ |
| 設立年月日 | 2014年11月19日 |
| 事業内容 | 社会人向けプログラミング教育事業 |
| 代表取締役 | 大島礼頌 |
| 資本金 | 1億9,000万円 |
| 住所 | 東京都渋谷区神南1丁目19番11号　パークウェースクエア2　4F |

従業員数　　60名（アルバイト含む）

設立から4年で，3,000名の卒業生を送り出している。

## ③　マーケット

　プログラミング教育市場は今後大幅に成長する予測である。その中で最もパイが大きいとされる社会人向けオフライン教室市場で成長を目指す。5年後には500億円市場と見込んでいる。

　増え続けているプログラミングスクールには，集客して終わりといったものが多いのが現状といえる。"せっかく一歩踏み出して，キャリアチェンジや独立を目指す人たちに，人生を変えていける場所であり続けることを僕たちは目指し，このマーケットを一気にとりに行きます"と大島CEOはSNSで述べている。

図表17－1　子ども向けプログラミング教育市場予測

（出所）　プログラミング教育メディア「コエテコ」×船井総研
（2018年）　子ども向けプログラミング教育市場調査よりインフラトップ作成。

図表17－2　語学ビジネス市場規模子ども対社会人の割合

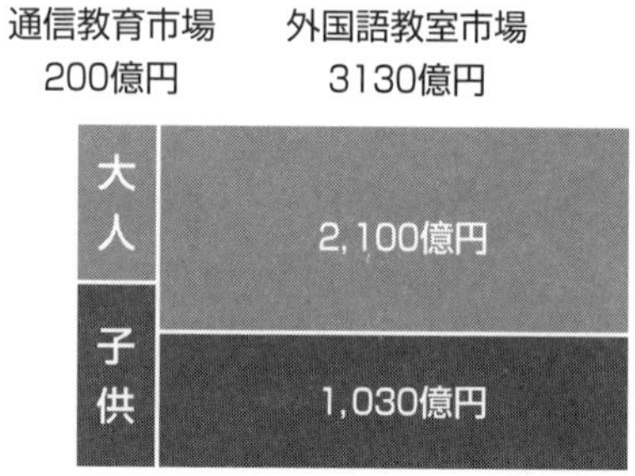

通信教育市場　　外国語教室市場
200億円　　　　3130億円

大人　2,100億円

子供　1,030億円

（出所）　矢野経済研究所「語学ビジネスに関する調査」
（2017年）　インフラトップ作成。

## 4　事業内容

ビジョン「学びと仕事を通して人生を最高の物語へ」

ミッション「IT人材不足の解決を通して，世界の価値創造の総量を増やす」

　ITベンチャーでありながら，社会的課題を解決しつつ事業を推進するソーシャルビジネス，社会的起業家ともいえる。事業内容はプログラミング教育事業であり，そのためのスクールを運営している。

　2017年3月29日の日本経済新聞1面トップ，人材サービス雇用新潮流より，「IT教育のインフラトップ（東京・渋谷）は2月からプログラミング学習と転職支援を一括で展開している。IT技術者希望の未経験者を対象に6カ月間のカリキュラムを提供し，年収400万円以上の転職先が見つからなければ受講料を全額返金する仕組みだ。英人材紹介会社ヘイズの日本法人の調査によると，日本は企業が求めるスキルと，実際に求職者が持っているスキルのミスマッチ度合いを示す指数が10点満点で9,8点。世界最悪レベルにあり，人手不足の要因となっている。未経験者の育成は人手不足解消の近道でもある」

　2017年３月29日の日経MJ新聞，子育てママ安心プログラミング教育では
「託児サービス・自習室無料」が掲載。また，2018年10月３日の日経産業新
聞・オトナが学ぶリカレントの現場「ママのキャリア形成支援」等にもインフ
ラトップの記事が掲載されている。

### 図表17－3　ミッション/解決する課題

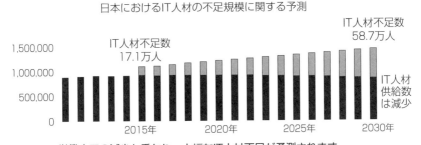

日本におけるIT人材の不足規模に関する予測

労働人口の減少も重なり，大幅なIT人材不足が予測されます。

（出所）　経済産業省『IT人材の最新動向と将来設計に関する調査結果』
（2016年）　インフラトップ作成。

　事業の内容は２種類に大別される。
　①　toC（個人顧客相手）向け：プログラミングブートキャンプ事業
　短期間で確実なプログラミングスキルの習得を実現することができる転職
コースである。WEBCAMP PROの転職決定率は競合他社に比べて２倍近い実
績がある。

　WEBCAMP PROの転職決定率は64.8％であり，学習継続率，学習到達度，
ともに業界で最高といえる。これは，メソッド化された自己分析によってブレ
ない軸，ライフプランを構築し高いモチベーションで学習を継続することがで
きることにある。

図表17-4　プログラミング学習，キャリアサポートの両面での高い "質" と "量"

| | プログラミング学習 | キャリアサポート |
|---|---|---|
| 質 | 単にカリキュラム通り進める課題ではなく，理解が前提となる3つの課題提出を義務づける。<br>3-4チームでチーム開発の実践チーム開発により，コミュニケーション力，課題発見・解決力，協力マインドを養う。<br>座学，チーム開発からのポートフォリオ制作で自走して技術的にチャレンジできる力を備え付ける。 | 求職者の未来，過去を知り，求職者が納得するキャリアプランを提案。承諾率を高め，離職率を防ぐ。<br>面談内で将来のキャリアビジョンを明確化・面談内で自己分析を行うことにより，キャリアプランを構築。<br>面接対策時，過去に取得した膨大な面接データから傾向をまとめ，求職者の経歴に沿った対策を実施。 |
| 量 | 整備された環境の教室へ通い放題かつ質問し放題にすることで，学習の集中を上げる。<br>マンツーマンのサポートの中でコーチングを行い，フォローアップを実施。<br>1ヶ月目，120時間以上の学習時間が必要なカリキュラムにより，集中・継続して学習する習慣づけを行う。 | 週に一度の面談実施。<br>週7日体制での質疑応答サポート。<br>書類通過企業に対して，一社ずつ面接対策を実施。<br>大半の生徒が教室通いをしており，キャリアアドバイザーと生徒の接触数が増え，求職者のグリップを握ることが可能。 |

（出所）　インフラトップパンフレットより筆者作成。

「プログラミングブートキャンプ」について，未経験者を "短い期間で確実に" エンジニアに育て上げる。

イ．教室通い放題

　　毎日11時〜22時の間，スクールに通うことが可能。講師が常駐しているので，疑問を即座に解決できる環境によって高い学習継続率を実現できる。

ロ．チーム開発

　　コンテンツにはチーム開発があるので，より即戦力に近いレベルまで学習到達度を上げることが可能になる。

ハ．手厚いキャリアサポート

　　入学段階時のキャリア設計から入社まで，「初学者」の方を確実にサポートする方法を確立した。

「プログラミングブートキャンプ」には次の４コースである。

イ．主力事業の転職保証付き３ヶ月コース

　業界で“最も短く，確実に”キャリアに繋がるブートキャンプ。転職できなかった場合は全額返金（発生率は現在３％）する。

ロ．プログラミングを知識として習得する１-３ヶ月コース

　マンツーマンサポートを強みとし，NPS（満足度指数）は常に10を超えている。

ハ．女性の在宅ワークを実現する１-３ヶ月コース

　オリジナルサイト，フライヤーなどデザインをメインに実施。ここにテキストが入る。

ニ．Python（汎用のプログラミング言語であり，コードがシンプルで扱いやすく，さまざまなプログラムを分かりやすく少ないコード行数で書ける）を２daysで学習する超短期コース

　これから人工知能や機械学習，統計学，ビッグデータの解析について学習をしたい方向けのハンズオンコースである。

　②　toB（法人顧客相手）向け事業

　内定直結型の教育×採用を掛け合わせたイベント「Collabo Camp」は，イベント全参加者のうち７％が内定まで進むという実績がある。


　現在の事業ドメインを選んだ理由は次の通りである。

●価値創造にひたむきに向かうエンジニアへのリスペクト

●高校，大学時代に感じた教育システムへの不満

●VC時代に感じた投資先のエンジニア不足への課題感

## ⑤　事業展開と資金調達の流れ

　2017年４月１日，1.6億円の増資と約１億円の借入を実施した。孫泰蔵氏，SMBCベンチャーキャピタル，西武しんきんキャピタル，株式会社ベクトルから資金を調達した。

　2018年２月，ひと月で数千万円の赤字になっていることに気づいた。このペースだとあと５ヶ月でお金がなくなる。そこで早急に集客コストの見直し，削れる予算の削減をし，２ヶ月間血のにじむ努力が続いた。その後夏頃には業績が上向きに回復した。そして10月下旬には今期の業績は前年比300％に成長，NPS（ネット・プロモーター・スコアの略で，顧客ロイヤルティを数値化する指標）も40を出すことができ，生徒さんの人生を変えることにコミットできたのではないかと感じた。これからも転職決定率を武器にして一気にギアを上げて教育インフラを形にして行く予定であった。このようにどうにか危機を乗り越えて業績は着実に伸びていった。しかし，もっと加速させたかった。なぜなら業界で確実に早く１番になりたかったからである。さらに業績を伸ばすために経営者として取るべき財務戦略は何かを考えた。

　2018年11月21日，M&A（企業の合併・買収）により合同会社DMM.comへグループインし，株式60％を売却した。したがって，資金調達先の孫泰蔵氏，

図表17－5　「WEBCAMP」のインフラトップが
メガベンチャー企業であるDMMにグループイン

（出所）　インフラトップ。

SMBCベンチャーキャピタル，西武しんきんキャピタル，ベクトルなどの持ち株は全てDMMが買収を行ったことにより，彼等はキャピタルゲイン（株式などの売却益）を得ることが出来た。イグジットである。人的にはDMMのCTO（最高技術責任者）及びCOO（最高執行責任者）がインフラトップの取締役として参画することになった。これによりインフラトップは，より事業効率が上がることになる。CEOは従来通りインフラトップの大島氏である。

　グループインの理由は，プロダクト及びコンテンツのクオリティ向上，全国展開への足がかりである。なお，以前は業績が悪くなった会社が買収という手段を取ることが多かった。しかし最近はこれから伸びる会社が買収，売却という手段を取るようになってきている。

　2018年12月15日，プログラミング教育で大先端をいく小金井市立前原小学校の視察に行った。子どもたちがとにかく楽しくやっている。ビジュアルプログラミングだけでなく，ベーシックを使ったテキストプログラミングまで扱っていて驚愕した。

　2018年12月22日，明治大学で行われた日本中小企業・ベンチャービジネスコンソーシアムにて「創業，３億円の資金調達，会社の売却を経験して知った経営のリアル」を講演。2014年から現在まで荒波を乗り越えてきた４年間の体験を，いつもの落ち着いた口調で，また時折若者らしい一面で笑いをさそう場面もあった。参加した主宰の坂本恒夫明治大学名誉教授始め，他の大学の教授・専門家・会社経営者・銀行等に勤務している有識者など，そして多くの学生たちから拍手喝采を受けた。

　2018年12月23日，雑誌「FASTGROW」に，「テクノロジー領域で活躍中の起業家・経営層と若手スタートアップ界隈を牛耳る"リクルートマフィア"平成を代表する10名の起業家たち」の一人として掲載された。

　2018年12月27日，DMMにグループインして１ヶ月が経った。過去一番楽しく働いている。事業推進のスピードが何倍にもなり，12月のWEBCAMPのエントリー数は過去最高になった。インフラトップ&DMMメンバーという素晴らしい仲間たちと"グッとくる"サービス作りをやって行きます。と大島氏は

語っている。WEBCAMPはDMM WEBCAMPに更新した。

（丹野　安子）

# 第18講 ㈱ユーグレナ

この講では日本の新ベンチャービジネスの事例として,「株式会社ユーグレナ」について見ていくことにする。ここではケーススタディとして, 会社設立から現在そして将来の展望等について見ていく[1]。

## 1 はじめに

株式会社ユーグレナは「人と地球を健康にする」を経営理念とし,「バイオテクノロジーで, 昨日の不可能を今日可能にする」を企業ビジョンとする2005年8月に創立された企業である。2005年に世界で初めて微細藻類ユーグレナ(学術名。和名:ミドリムシ, 以下ミドリムシという)の大量培養技術の確立に成功し, ミドリムシを活用した機能性食品, 化粧品の開発・販売を行うほか, バイオ燃料の生産に向けた研究を行っている。2012年12月に東証マザーズに上場し, 2014年12月に東証一部に市場変更をした。2015年には日本ベンチャー大賞(内閣総理大臣賞)を受賞している。また株式会社ユーグレナはJ-Startup企業[2]にも選出されている。

株式会社ユーグレナは, 共感のビジネスコンセプトを持つこと, 大企業と対等な関係があること他, 第Ⅰ部第1講で坂本恒夫氏が指摘している新ベンチャービジネスの要素を十分に持つものである。

さて一般的に, 会社を起業し成長していく過程には, いくつもの突破しなければならないことが出てくる。ケーススタディとして, ここでは株式会社ユーグレナが, 会社設立からどのような経緯をたどり様々な課題をどう乗り越え現在に至っているか, 今後の課題は何か, 社会にどのような貢献をし影響を与えていくのかを含め, 8項目に分けて以下の順に次の節で見ていくこととする。

(1) なぜユーグレナを立ち上げようとしたか

(2) どういう計画を立てたか

(3)　資金調達をどうしたか

(4)　マーケティングはどうしたか

(5)　出資したVC（ベンチャーキャピタル）は資金回収のめどが立ったか

(6)　現在の状況及び今後の課題

(7)　バイオ燃料と『GREEN OIL JAPAN』宣言

(8)　まとめ

## ❷　株式会社ユーグレナの会社設立から現在そして将来の展望

### (1)　なぜユーグレナを立ち上げようとしたか（以下，株式会社ユーグレナをユーグレナという）

ユーグレナの創業者である出雲充氏は，大学時代にアジア最貧国の1つであったバングラデシュ共和国を訪れ，栄養失調で苦しむ子供たちを目の当たりにし，この子達を助けようと考えた。そこで栄養豊富な食材の存在を求め，生物学を学び，見つけた栄養豊富な藻類であるミドリムシの研究に関わった。このミドリムシの食品化を通して栄養問題の解決を図るとともに，ミドリムシを活用することで環境問題やエネルギー問題の解決を図ろうと考え，この会社を立ち上げた。つまり社会課題の解決を図ろうとしたのであり，ここに共感のビジネスコンセプトが見られ，人々の共感を呼ぶところがあったと言える。

ミドリムシは，植物と動物の両方の性質を持つ不思議な生き物で，顕微鏡レベルのプランクトンであり「藻」の一種と説明され，59種の栄養素を持つ驚異の生物である。

### (2)　どういう計画を立てたか

ビジネスプランを立てる前に，大きな問題があった。ミドリムシはこのような優れた性質を持つものであるが，大量培養に誰も成功できていなかったことである。食品に使えるような，低コストでの大量培養をする技術がなかったのである。

1950年代から多くの人が大量培養を試みたが成功せず，日本でもユーグレナ

実用化の研究プロジェクト「ニューサンシャイン計画」があったが失敗に終わった。この計画は，1989年に近藤次郎東京大学名誉教授が発表した「地球環境を閉鎖・循環型生態系として配慮した食料生産システム　ユーグレナの食料資源化に関する研究」という論文でミドリムシについて次のような内容での計画が書かれていたことに端を発した。

- ミドリムシを大量培養して，栄養素豊富な食料として利用する。
- 燃料としても利用できる。
- 二酸化炭素を吸収させて，地球温暖化を食い止める。

二人の学者が中心になってサンシャイン計画を推進したが成果は得られず，2000年にサンシャイン計画は終了した。

　ミドリムシを増やすこと自体は簡単だが，難しいのはミドリムシだけを増やして，他の生き物が混じるのを防ぐことである。ミドリムシは食物連鎖の最底辺に位置し，栄養価を持つごちそうなので，ひとたび他の生き物が混じればすぐ食べつくされてしまう。実験室の無菌状態で培養すれば他の生物の混入は防げるが，それでは月に耳かき一杯しかできず，食糧や燃料としてはコストが合わない。プールで培養できる技術を確立できなければ，実用は無理だった。

　大学生だった出雲氏は，このような状況を知ってもなお，ミドリムシの実用化を進める決意をする。ミドリムシの培養研究は，出雲氏と仲間の鈴木健吾氏（研究者）のプライベートなプロジェクトとして進められた。2005年に鈴木氏の研究は，プールでの培養実験ができる段階までこぎつけた。同年，25歳の時に出雲氏は㈱ユーグレナを立ち上げた。彼らは発想を変え，他の生物の混入を防ぐのではなく，ミドリムシしか生きられない環境条件を見つけることにした。これにより，2005年の12月に，ついにミドリムシの大量培養に成功した。この大量培養に成功したことにより，ミドリムシを使った健康食品等の製造・販売を行っていくこととした。


### (3)　資金調達をどうしたか[3]

　当初，出雲氏は大量培養に成功すれば，ミドリムシのサプリメントを販売す

ることで商品が多く売れると考えていた。しかしミドリムシの特性が理解されず，商品も売れず大きな挫折を経験する。資金も底をつきはじめ，とにかく必死にミドリムシを使ったサプリメントを売る営業をしていった。

その時，元マイクロソフトの日本法人社長をしていた成毛眞氏がこのミドリムシの持つ大きなポテンシャルを理解してくれ，資金面の援助及び永田暁彦氏という自社の若手社員を経営サポートメンバーとしてつけてくれた（この永田氏がその後ユーグレナに転籍し，事業提携や資金調達に大きな活躍をした）。その後に，大手商社の伊藤忠商事が伊東裕介氏という担当者の尽力もあり，出資してくれた。伊藤忠商事がパートナー企業になったこともあり，その後，資金が集まりだし苦境を乗り切っていった。

この成毛氏と伊東氏が理解し出資に結び付けてくれた件は，ミドリムシの持つポテンシャルへの理解や出雲社長の努力が大きかったと思われるが，そのビジネスコンセプトが共感を得たからとも言えるのではないか。栄養問題・環境問題・エネルギー問題の解決を図るという，日本のみならず世界の社会課題への挑戦と言えるものがあり，この事業は世の中のために必要だという共感を得たことが，理解を得ることにつながったのではないかと筆者は推測する。つまりここにも，第Ⅰ部第1講で坂本恒夫氏が述べている，新ベンチャービジネスを規定している要素のうちの「共感」（共感のビジネスコンセプトを持つこと）の部分が現れている（なお「共感」については，詳しくは筆者が執筆した第Ⅱ部 新ベンチャービジネスの起こし方　第5講 共感　を参照のこと）。


### (4)　マーケティングはどうしたか[4]

ベンチャー企業では開発・技術に強い創業者はいても，その人が営業にはあまり強くなく，またはその逆のことも多いと言われる。つまり創業者で初めから経営上の様々なことをすべてできる人は，それほどは多くないとされている。出雲社長も営業は経験があまりなかったこともあり，クロレラの健康食品販売会社の役員で，営業に優れている福本拓元氏を引き入れた。この福本氏が背水の陣で頑張ったことが，売上の拡大につながった。福本氏は鬼気迫る勢いで営

業を行い，2008年4月～6月期は目標売上金額をはるかに超えて7,400万円ものミドリムシのサプリメントを売った。ユーグレナの最も苦しかった時期を，金銭面で支えたのである（因みに会社の収益源であるミドリムシを使ったサプリメントの売上は，初年度は200万円位であった）。この後，ミドリムシを使った商品の売り上げは伸びていくようになった。つまり営業に強い人間を仲間に入れ，とにかく必死に営業をしたということである。軌道に乗るまで苦しかった当初の3年間の営業で，出雲氏が学んだことは「自分たちが本当に正しいことをしていれば，どこかに必ずそれに共感してくれる人がいる」ということであり，「あらゆる人にあらゆる手段で営業すること」であった。

### (5)　出資したVC（ベンチャーキャピタル）は資金回収のめどが立ったか

　2012年12月に東証マザーズに上場を果たし，出資者で出資金を回収したい法人等は，資金回収ができていると思われる。なお2014年12月には東証1部に市場変更をしており，今や資本金は54億2,400万円（2018年9月30日現在）となっている。この資本提携先には，日立製作所，清水建設，ANAホールディングス，電通，伊藤忠商事等が名を連ねている。

　これほど大きなお金と大企業が動くのは，ミドリムシの持つポテンシャルが非常に大きいからで，栄養の宝庫として食料品素材として優れているだけでなく，飼料や燃料としても期待されている。水と太陽光と二酸化炭素があれば育つので，地球の食糧問題を解決できる可能性がある。空気中の二酸化炭素を固定するので，ミドリムシの育成はそのまま地球温暖化対策にもなる。つまり社会課題の解決につながるのである。株式会社ユーグレナのとった経営戦略は，ミドリムシをまず収益性の高い健康食品に応用しコストを下げて行って，最終的に燃料につなげていくというものである。

### (6)　現在の状況及び今後の課題
①　現在の状況：これは，地域の拡大・事業の拡大・業績の拡大で表せる。

＜地域の拡大＞

　現在の国内及び海外の拠点は図表18－1の通りであり拡大してきている。

図表18－1　拠点マップ（国内）

（出所）　ユーグレナHP https://www.euglena.jp/（2019．1．5閲覧）

　なお海外はバングラデシュ事務所・グラミンユーグレナ・上海ユーグレナがある。

＜事業の拡大＞

　ミドリムシを使った事業展開は拡大しており，展開している事業は大きく3事業に分けられる。

・　ヘルスケア事業―栄養豊富なミドリムシ等を使用した食品を展開，ミドリムシから取れるお肌への有用成分を活かした化粧品を展開，その他ミドリムシを使ったヘルスケア事業の多角展開

- エネルギー・環境事業─DeuSELプロジェクト（いすず自動車と共同で進めているバイオディーゼル燃料実用化プロジェクト），国産バイオ燃料計画（バイオジェット燃料実用化へ向けたプロジェクト）
- その他事業─バングラデシュへの支援であるユーグレナGENKIプログラム及びグラミンユーグレナ（グラミングループとの合弁会社の取り組み），その他

＜業績の拡大＞

グループの連結売上高は，拡大し大きく伸びており，2017年9月期は138億円，2018年9月期は151億円となっている。

以上が現状であるが，今までの大きな実績としては，先進国における食品の販売の増加，バングラデシュにおける栄養改善プログラムの実施，バイオ燃料プラントの建設などの成果があげられる。

②　今後の課題

ユーグレナは現在，藻類の一種であるミドリムシ由来のバイオマス・エネルギーの開発に取り組んでいる[5]。ユーグレナが取り組むバイオ燃料は，次世代のエネルギーとして注目度が高まっている。これが成功するかどうかが今後の大きな課題である。このバイオ燃料については，ユーグレナの『GREEN OIL JAPAN』宣言が最近出されたこともあり，次項で引き続き述べる。


## (7)　バイオ燃料と『GREEN OIL JAPAN』宣言

2018年にユーグレナは「日本をバイオ燃料先進国にする新宣言！『GREEN OIL JAPAN』[6]」を出した。これは次のようなものである。

ユーグレナでは2018年10月31日，日本初のバイオジェット・ディーゼル燃料製造実証プラントが竣工したことから，この実証プラントの完成を機に，横浜市，千代田化工建設，伊藤忠エネクス，いすゞ自動車，全日空，ひろ自連※をサポーターとして，「日本をバイオ燃料先進国にする」ことを目指す『GREEN OIL JAPAN（グリーンオイルジャン）』を宣言した。（※2015年12月より「国産バイオ燃料計画」をともに取り組んできた各団体・企業，ひろ自連は2018年6月より参加。）

内容は以下のことである。

―世界におけるバイオ燃料の普及と日本の状況について―

2015年9月に国連サミットで制定されたSDGs[7]では，「GOAL13：気候変動に具体的な対策を」が持続可能な開発目標として掲げられている。また，2015年12月に国連気候変動枠組条約締約国会議（COP）で合意された，2020年以降の気候変動問題に関する国際的な枠組みである「パリ協定」では，日本の中期目標として，2030年までに$CO_2$を主とする温室効果ガスの排出を2013年の水準から26％削減することが目標となっている。

その中，日本も加盟する国際民間航空機関（ICAO）では，2016年総会にて，2020年以降$CO_2$排出量を増やさないことが加盟国間で合意され，その対策として有望視されているバイオジェット燃料の導入は，米国，EU主要国，カナダやオーストラリアのほか，シンガポール，タイ，中国やインドといったアジアの国々で進んでいる。一方日本では，バイオジェット燃料を使用した有償飛行は実現しておらず，世界主要国に対してバイオジェット燃料の導入が遅れているのが現状である。

ここでユーグレナは『GREEN OIL JAPAN』宣言で，次のことを目指すことにした。「2020年までに実証プラントで製造したバイオ燃料を陸・海・空における移動体に導入すること，2030年までにバイオ燃料を製造・使用するサポーターを日本中に広げることで，バイオ燃料事業を産業として確立することを目標に掲げ，この目標実現を通じてSDGs「GOAL7：エネルギーをみんなにそしてクリーンに」「GOAL13：気候変動に具体的な対策を」への貢献に取り組む。」

以上がユーグレナのバイオ燃料に対する取り組みの宣言であり，これが成功するかどうかが将来の課題である。一方，将来の展望として，この計画が実ればユーグレナの更なる成長が見込まれる。更にエネルギー問題の解決にもつながり，日本の大きな社会課題の解決につながっていくと言える。

## ⑻　ま　と　め

ユーグレナは起業から10年以上経ち，先進国における食品の販売の増加，バングラデシュにおける栄養改善プログラムの実施，バイオ燃料プラントの建設と当初描いていた目標の達成に近づいてきている[8]。出雲社長の描いた理想，即ち「ミドリムシの食品化を通して栄養問題の解決を図るとともに，ミドリムシを活用することで環境問題やエネルギー問題の解決を図る」ということが，いよいよすべて実るか大事な局面に入ってきている。

ここで出雲充社長がその著書の中で[9]，社員のことを「意識としては社員ではなく同志であり仲間なのだ」と述べているところは，重要な点である。つまり大きな志に対し共に歩んできた同士・仲間でこの会社を作ってきているということで，起業して成長していく上での大事な部分がここには表れていると感じる。

ユーグレナはミドリムシを活用して，栄養問題・環境問題・エネルギー問題の解決を図ることを通じ，「人と地球を健康にする」という経営理念を実現しようとしている。第Ⅰ部第1講で坂本恒夫氏が述べている新ベンチャービジネスを規定している要素のうち，デザインシンキング，即ち「どのような社会的課題・問題を解決するのか」を最優先に明確化しており，今まで見てきたように「共感のビジネスコンセプトを持つこと」「大企業との対等な関係を持つこと」等も満たしながら発展してきている。今後の益々の成長と，それに伴い大きな社会課題の解決が進むことが期待される。

【脚　注】
1)　株式会社ユーグレナについては，主に会社HP https://www.euglena.jp/（2019.1.5閲覧）及び出雲充（2012）『僕はミドリムシで世界を救うことに決めました。』ダイヤモンド社を参考にした。
2)　J-Startupとは2017年12月に閣議決定された「新しい経済政策パッケージ」に掲げられた政府のスタートアップ支援策である。世界で戦い勝てるスタートアップ企業を生み出し，革新的な技術やビジネスモデルで世界に新しい価値を提供する。それがスタートアップ企業の育成支援プログラム「J-Startup」である。日本のスタートアップ企業約10,000社の中から，約100社の企業をJ-Startupの「特待生（J-Startup

企業）」として認定し，官民で集中支援し，成功モデルを創出する。このJ-Startup企業にユーグレナは選出されている。経済産業省 J-Startup HPより https://www. j-startup.go.jp/（2019.1.4閲覧）。

3)　この項は前掲書　出雲充（2012）第5章を主に参考にした。

4)　この項は前掲書　出雲充（2012）第5章を主に参考にした。

5)　野村證券投資情報部（2017）『未来技術に投資しよう』日本経済新聞出版社 p.237。

6)　ユーグレナ HP https://www.euglena.jp/（2019.1.5閲覧）より。

7)　SDGs：Sustainable Development Goals（持続可能な開発目標）。

8)　ユーグレナ HP https://www.euglena.jp/ 出雲社長メッセージより（2019.1.5閲覧）。

9)　前掲書　出雲充（2012）199ページ。

**（参考文献）**

（和書）

出雲充（2012）『僕はミドリムシで世界を救うことに決めました。』ダイヤモンド社。

野村證券投資情報部（2017）『未来技術に投資しよう』日本経済新聞出版社。

長谷川博和（2018）『〈はじめての経営学〉　ベンチャー経営論』東洋経済新報社。

（URL）

株式会社　ユーグレナ HP https://www.euglena.jp/。

経済産業省　HP https://www.meti.go.jp/。

経済産業省　J-Startup HP https://www.j-startup.go.jp/。

（菅井　徹郎）

# 第19講　㈱アグリコミュニケーションズ津軽

## 1　はじめに

　この項では，㈱アグリコミュニケーションズ津軽の取り組みについて事業者の側面と人材育成の視点から述べることとする。最初に，地域の農業課題について言及する。次に，筆者が農業高校校長退職後，街づくりを目標にはじめたアグリ・ベンチャー・ビジネスについて考える。

　そして，スタートしたばかりの弊社が，「人とのつながり」を最大限に活用し，他企業や団体，公的機関と連携することで，機能性農作物の栽培，加工，商品化，流通・販売，栽培技術の指導者育成，地域活性コンサルトに取り組む事例を紹介する。加えて，次代に進めるべき地域活性の在り方を提言する。

### (1)　地域農業とその課題

　平成30年10月青森県発行「図説　農林水産業の動向」によると，「県内純生産に占める第1次産業の割合は4.2%（農業3.4%，林業0.2%，水産0.6%），農水産全産業の就業人口に占める第1次産業の割合は12.3%と，それぞれ全国平均の1.0%，4.0%に比べ高い水準となっている。また，平成23年の産業連関表からみると，県全体の総移輸出額に占める第1次産業の割合は10.4%，農水産物の供給先である製造業（食料品）が11.9%で，第1次産業生産が県経済に及ぼす影響は依然として大きく，農林水産業は本県の基幹産業として位置付けられる。」とある。

　その基幹産業を支える生産現場では農業従事者の高齢化と就農人口減少という大きな課題が横たわっている。これが第1の課題である。

　このことは農業従事者の年代に偏りが生じ，その年代がリタイヤした場合，労働力が一気に減少することを意味し，結果，作物の生産量は減少し，域外市

場産業として地域経済に与える影響が大きくなる。

　第2の課題は，1次産業のノウハウや技術の継承が形式化された教育システムはなく閉鎖された家族関係をもつ生活の中で行われていくことにある。他産業ではノウハウや技はマニュアル化され企業内教育で継承されていく。このことは広義の利害関係者や産業界にメリットを生むが家族単位での経営が多い1次産業，特に農業の分野では活性化が進まない。高級スーパーやデパート，海外などで高値取引される高級ブランドの農産物も多くあるが，これらは特殊な技術の持ち主によって生みだされるものであることからそれ相応の技術訓練が必要となる。

　第3の課題は，農業は1次産業的要素から3次産業までを包含するいわゆる6次産業化ビジネスであることの理解が進まないことにある。誤解を恐れずに言えば，地域は農業の6次産業化を農業経営の多角化に押し付け，推進すべき農商工連携を枠外に押し出している。さらに言えば，「点から面にする」ための「カタリバ（プラットホーム）」がない，農商工をつなぐコーディネーターが不足しているなどなど，「私たちに何もしてくれない」を理由に前に進もうとしない。

　もっと上手に地域産業や地域文化（伝統文化を含む）を持続的・総合的につないで，健康や福祉＋農業，文化や観光＋農業など，本気で新たな地域価値の創造に取り組む必要がある。


### (2)　アグリコミュニケーションズ津軽の取り組み

　株式会社アグリコミュニケーションズ津軽（以後，ACTという）は，五所川原農林高校（当時，筆者が校長であった）が呼びかけ設立した五所川原6次産業化推進協議会から発足した地域活性をめざす会社である。もちろん，「アグリ・ビジネス」と「地域活性」は別の次元にあり分けて考えている。地域を活性化するためには基幹産業である1次産業を活性化し，ここを中心に他の産業が連携できればより多くのビジネスチャンスが生まれる。さらに，ここで生まれた商品の販路が拡大できれば目的が達成できる。

## ② ACTと機能性農作物

これまでベンチャー・ビジネスは商工業を中心に展開されてきた。新たな経済圏を求めたTPP，EPAが発効された今，農業にも新しい価値を創造するベンチャーの要素が必要だと考えた。

まずは域外市場産業としての農業を点検した。観点は，⑴誰に，どんな価値を提供するのか，⑵保有しなければならない経営資源は何か，⑶パートナーや顧客とのコミュニケーションを如何にするか，⑷顧客に届ける流通経路・価格体系が明確か，の４点で，これらが経営として見える化できるかである。

ACTは，中高齢者をターゲットに「健康と美」が提供できる３種類の機能性農作物に絞込み少人数でできるビジネスモデルを創った。機能性農作物とは，品種改良や生産方法の改良などにより，疲労回復・老化防止・生活習慣病予防などに効果があるとされる機能性成分を通常よりも多く含んだ農産物であり，顧客に物語性を伝えるために欠かせない素材である。

### ⑴　果肉まで赤いりんご

注目した果肉まで赤りんご「御所川原」はすでに育成者権は消滅している。果実は小さく，赤い果肉と酸味をいかした加工・調理用として特定の農家だけが栽培している。生産量は少なく苗木そのものは販売されていない。いわば地域限定栽培品種である。

このような情報がSNSで拡散し，消費者嗜好が多様化したことで「果肉が赤く特徴的な酸味の御所川原の生果が欲しい」と引き合いが多くなった。これまでは市内の土産店でジュース，ジャム，ワイン，花茶等を陳列販売していたが，今では生果を冷蔵ショーケースに入れ販売している。また，都会の生スムージーを提供する取り扱い店に高値で出荷している。

ACTが着目した点は生産者が限定的で生産量が少ないこと，加工品の種類が限定的なこと，品種のもつ特性と機能性成分の種類の豊富さと含有量が多いことの３点である。特に，赤い花，赤い果肉，澄んだ香り，ポリフェノールの

含有量に魅力を感じた。これら機能性を活かしたACTの製品には，化粧水，フェイスクリーム，サプリメントがあり，製品材料として海外向けの引き合いがある。

### (2) キクイモ

キクイモはキク科ヒマワリ属の多年草で肥大した根の部分を食用とする野菜である。注目したのは品種が固定されていること，「天然のインシュリン」といわれる機能性成分「イヌリン（水溶性食物繊維）」を多く含むこと，健康面，美容面からも注目されていることの3点である。

現在，農・農連携した若手農家が耕作放棄地など活用した農薬を使わない特別な栽培法で特産化をはかっている。課題は，使用部位の開発と加工技術である。ACTは製品材料の販路を持つ技術指導者として相談を受け，食用となる塊茎部は粉末化し製品材料と備蓄非常食として，葉部など未使用部位はペットフードへの活用を進めている。販路については健康食品ネットワークを活用し製品材料として取り扱う企業と交渉している。

### (3) マ　　　カ

もともとアンデスのペルー原産と言われるマカは，南米ボリビア・チリのアンデス地方の3,000〜4,500mの高地で栽培されている。栽培の歴史は古く2000年前のインカの原住民によって始められたとされている。マカは大根やカブと同じアブラナ科の植物で，アンデスでは食材として料理に日常的に使われている。1999年，当時ペルーの大統領であった，アルベルト・フジモリ氏が来日した際に，インカ帝国時代からの秘薬としてマカが紹介されたことで日本での注目度が高まった植物である。

青森県ではACTが初めて栽培に成功した。注目したのは，冬期間，水稲育苗ハウスを無加温で活用できること，機能性成分であるグルコシノレート類，イソチオシアネート類，アルカロイド類などを他の植物より多く含んでいること，そして栽培が特殊であることの3点である。

塊茎部や葉は生食用と粉末化（製品材料）し後者はサプリメントとしてOEM製造し販売している。また他企業とコラボレーションし，マカの全てを最大限に活用できるよう研究開発を進め，新しいサービスの提供を行っている。

## ③　製品の差別化

ベンチャー企業は一般的に既存の成熟市場に参入するのではなく，潜在的に成長できる市場への参入をねらうことが重要である。絶対に大企業との競争は回避しなければならない。また，市場で生き残るためにオンリーワン商品を創る戦略に特化すべきで，知的財産など法的に保護された権利を取得し，模倣できない独自の技術やノウハウをもつことが必要である。

換言すれば，製品の差別化の「できる」，「できない」は会社の運命を握ると言って過言でない。そのため買手ニーズに合った製品を開発し，イメージや信頼度を高める努力が重要になる。

例えば，ACTには果肉まで赤いりんご「御所川原」による５つのAKARIN５シリーズ製品がある。①化粧水，②フェイスクリーム（健康美の追求），③サプリメント（体内から健康美を保つ），④グラノーラ，⑤豪華厚切りチップス（食感を楽しむ）である。戦略として小ロットで量産はしない。

①～③は，品種「御所川原」を自社の低温真空乾燥装置（詳細は４節で述べる）で製品材料に加工したものを使用している。これらは特殊な部位をとりだし花水と果実水に加工し，弘前大学（青森県）が研究した純国産のプロテオグリカンを加えコラボレーション製品に仕上げた。④は低温真空乾燥加工した乾燥品を食べやすく歯ごたえのある硬さと大きさに砕いた「AKARIN５グラノーラ」としてホテルに供給している。⑤は厚めの輪切りで鮮やかな赤い色と酵素入りを強調した見た目で分かる豪華チップスに仕上げた。

### (1)　成分分析と製品材料

これまで農作物の差別化は栽培方法など目に見えるものが一般的であったが，ACTが求めた機能性成分は目に見えない。分析に関して注意したことは，知

名度の高い分析機関の選定と，製品材料に必要な成分項目の絞込み，そして相談できる公的機関のアドバイスである。

　営業場面では，最終商品の流通に必要な「成分保証書」，「原料企画書」を添付し正直に対応することを心掛けている。目に見えない機能性の価値保証には成分分析が不可欠でこのビジネスには必需品である。

　現在のような健康志向の高まりから栽培管理工程・加工管理工程をみえる化することでビジネスチャンスを見出している。

## ４　新技術の導入

　ACTのビジネスモデルは，機能性農作物を効率よく持続的に栽培し，生産物を低温真空乾燥装置で「固体」と「液体」に分離し，これらを製品材料として販売することにある。また，これら一連の工程の全て，あるいは，必要に応じて一部の業務を請負うものである。

　2017年導入した低温真空乾燥加工機械は，水エゼクタ方式（特許）により真空状態で乾燥するため，原料を35℃～40℃低温で「固体」と「液体」に分離する画期的な技術である。

　本装置を開発した株式会社Ｆ・Ｅ・Ｃは，みかんの搾りかすから，みかんの自然な香りが残るみかん細胞水，多岐にわたって活用されるみかんオイル，また低温真空で乾燥しているのでみかんの栄養素をそのまま残した乾燥品がとれ，高付加価値を持つ食品原料を生み出すことに成功した。

　メリットは，機能性農作物の栄養成分（ビタミン，酵素ほか）を壊さず，色，香りなど風味を保ったままの乾燥品，一般的な乾燥機では回収できない細胞水（基本的には蒸留水であり，粒子が細かく浸透率が高い），精油分の回収ができることにある。

　デメリットは，装置（機械）を運転するための訓練が必要であること，抽出成分に関する専門的知識が必要であることである。

## (1)　低温真空乾燥加工技術の活用

　りんごで加工といえば生食で販売できない果実をジュースにするのが一般的である。赤いりんごの100％ストレートジュースは確かに赤く差別化できる。しかし，果実の生産量が限定的であることからジュースの量も限定的で，ネット通販ですぐに完売する。もったいないことに搾りかすは産業廃棄物として捨てられる。

　このように食品原料を廃棄しては農業に未来はないと考え果実の全量活用を検討した。結果，手作業の優位性をいかすことで摘花する赤い色の花，摘果する赤い幼果，赤い成果の活用が低温真空乾燥加工により実現できた。

　実際に「御所川原の花の香がする花水と花粉末」，「御所川原の幼果の果実水と粉末」に分離し，化粧水やフェイスクリームの製造材料として，抗酸化物質を多く含むことからサプリメントの製品材料に活用している。さらに青森産プロテオグリカンを加えた化粧水，フェイスクリーム，サプリメントをOEMで製品製造し商品化している。

　現在進行中の事業であるが，赤りんごの花水，果実水を化粧品原料登録することで海外輸出が可能になった。

## ⑤　ネットワークと連携

　アグリ・ベンチャーに限らずベンチャー企業は，組織内部の資源に乏しい状態で経営していかざるを得ない現実がある。特にアグリ・ベンチャーの場合，農地法や運営資金の問題など様々な制約を受け非常に厳しい。そのためネットワークを活用した異業種，他社，公的な組織，様々な団体などとのコラボレーションが重要になる。

　ACTは「強み」と「弱み」を整理した上でコラボを試み，1＋1＝2になることもあれば，稀に相乗効果も生まれた。しかし，徒労感を生み出すこともあって覚悟して臨むことも勉強した。

## (1)　機能性という共通言語を持つ

　地域では機能性という文言に馴染みは薄く，機能性農作物の栽培や活用につて農業とは別次元のものと理解してか関心を示さない。脆弱なアグリ・ベンチャーとして土台を築くために機能性という共通言語の標準化に力を注いだ。まずは連携できる人を介し友好的な公設試験研究機関とコミュニケーションをとった。

　公設試験研究機関は活動目的から機能性という文言に興味を示し，研究開発を目的に訪問を重ね良好なつながりを創り成果をあげることができた。

　ACTとしてはAKARIN 5化粧品を商品化し機能性という文言を地域に紹介できた。最近は赤いりんごに含まれるポリフェノールや香り成分，キクイモのイヌリンやマカのアミノ酸・香成分など機能性という文言を活かそうとする動きが見えてきた。このことにより自社の「強み」を活かし，他社の「弱み」克服のため企業間連携ができ，呼びかけたところ健康食品ネットワークが生まれた。

## (2)　地域連携とアグリ・ベンチャー・ビジネス

　地域でアグリ・ベンチャーをはじめようとしたとき，若い農業者から農業フランチャイズビジネス（以後，農業FCビジネス）と誤解された。それは地元で高糖度トマトの農業FCビジネスが行われていたからである。

　高糖度トマトのビジネスモデルは，糖度8度以上があれば高糖度を付加価値として高値で買い取る仕組みである。問題は，気象条件が変わっても標準化した栽培ノウハウを勝手に変えることができず，栽培条件による収穫量の増減が大きい場合の損失負担やリスクが大きくなることもある。儲けるアグリ・ビジネスに挑戦した彼らは，農・農，農・工，農・商の連携が必要であることは理解していたが自らの強みを活かすビジネスを見出すまでには至っていない。

　彼らは言う。「自分たちの味方にスーパーバイザーがいて，販路が確保できれば栽培に専念できる。」この指摘はアグリ・ベンチャー・ビジネスに必要な要素だと捉えている。

　ベンチャーとしてのACTはネットワークづくりを試みた。つまり高機能性作物の栽培・加工・販路確保を担うACT，りんごの販路を担う青果会社，主食米・飼料米の生産・販路を担う有限会社（生産法人）を点に，点を面にするためのプラットホームを設置し不定期であるが未来を語る会を開いている。目標は，農商工連携によって新商品を1点つくることで切り口を見出し，地域農業とアグリ・ベンチャー・ビジネスを推進している。

## ⑥　地域の人材育成

　前述したが地域の課題解決には点を面にする社会ネットワークづくりが必要になる。実際のところ点になりうるベンチャーを見出せないのでACTが地域活性プロデューサー（全体の方向性を示し，ネットワークの内容や予算管理，編成との折衝やPR業務など）を買って出ている。面となるべき農商工連携ネットワークが少しずつであるが機能し，ブレークスルーできる商品1点（1点突破の原則）作りに日々努力している。

　かつて地域は，域外市場産業も域内市場産業も農商工のネットワークを活用し外貨を獲得して雇用を創出する仕組みをつくってきた。そこでは「ヒトとヒト，ヒトとコト，コトとコトをつなぎビジネスマッチングさせる」役割があった。しかしながら人口減少とともにマッチングを拒み自分の殻に閉じこもるようになった。結果，地域の衰退がはじまった。

　もう一度，人口減少を可能性に変える「ヒト」パワーを育てるため地域活性プロデューサー育成に挑戦しなければならない。

### ⑴　地域活性プロデューサーを育成する

　地域活性プロデューサーに成り得る人材は，自らプレーヤーをめざす人材，周囲のサポートに回る人材，関係者をコーデネートする人材など，地域活性を考えジャンルを超えた人材である。

　例えば，行政の地域プロデューサー育成講座を参考にすると，「商品を1つ開発する」，「消費者やバイヤーのリアクションを見ながら市場に適合させてい

く」，「ターゲットのしぼり方，価格設計，マーケティング，デザイン，法規則，流通の知識，などを駆使し高付加価値商品をプロデュースする」と展開していく。

　講座では実際的な訓練を行い，東京の市場で行政マンバイヤーとして商談を成功させていた。平たく言えば，行政は優秀な営業マンを育成していた。公務員だから仕事だからでなく，「成功」の2文字があれば間違いなく前進できるという。

　このようなプロデューサーを育成する場を地域の商工会がつくり，活かす場を共有できれば地域に必要な人材は育つ。

## 7　おわりに

　ACTは，その機能を縮小する地域経済を活性化していく取り組みに魅力を感じている。アグリ・ビジネスにも地域活性にも挑戦的・冒険的に取り組み，地域内外の生産者や企業とのネットワークを構築し地域の発展を見出していく。

　まだスタートしたばかりの小さな街づくり会社であるが，地域に必要な機能性農産物を選び出し，低温真空乾燥加工した製品材料の販売という新しいビジネスを創造している。そして地域丸ごとベンチャーを目標に，地域の総意で必要な人材をつくりあげていく覚悟である。

（佐藤　晋也）

# 第20講　ベトナムのベンチャービジネス

　近年，スタートアップに興味を持つベトナム国民が急増しており，数多くの企業が設立されている。2017年の新規企業数は2013年と比べ，約1.6倍増加し，現在，起業ブームと呼ばれている。人口約9,000万人のベトナムは，約60％が30歳未満という若年層の比率が高く，ベンチャー企業は自国経済の成長を促すための最重要のエンジン役と期待されている。

　本講ではベトナムのスタートアップ（起業）の現状について制度面から考察し，事例分析を行う。具体的には，以下のような構成となる。最初に，ベトナムのスタートアップ企業の概念を確認する。第二に，ベトナム企業の現状と取り巻く問題及び政府のスタートアップ企業支援政策及び政策の展開について論じる。最後に，成功しているスタートアップ企業を事例として取り上げる。

## 1　スタートアップとは

　近年ベトナムにおいても「スタートアップ」という言葉もよく耳にする。一般的には，スタートアップ企業とは，今までにない全く新しいビジネスモデルを開発し，短期間で急成長を成し遂げる企業と定義される。

　ベトナムでは，2017年6月12日に国会によって可決された中小企業支援法においてスタートアップ中小企業（ベトナム語：*"Doanh nghiệp nhỏ và vừa khởi nghiệp sáng tạo"*）という言葉が始めて使用された。スタートアップ企業とは，「知的財産，技術，新しい経営モデルの発想を実施するために設立され，急成長する可能性がある中小企業である」とされている[1]。

　日本において，様々なベンチャービジネスについての定義がある。ベトナムのスタートアップと日本のベンチャービジネスとの比較を以下の図表20－1のように示す。

図表20−1　ベンチャー企業の定義

| | 林<br>(2015) | 鵜崎<br>(2014) | 日本文部<br>科学省<br>(2002) | 日本経済産業省<br>(2014) | ベトナムの<br>中小企業支援法<br>(2017) |
|---|---|---|---|---|---|
| 経営者 | 起業家 | 起業家 | 起業家 | 起業家にとどま<br>らず次世代も含<br>める | 起業家 |
| 特　徴 | 新しい技術,<br>新しい市場の<br>開拓 | 不明 | 独創性や<br>新規性 | 新しい技術や新<br>しい市場の開拓 | 知的財産, 技術,<br>新しい経営モデ<br>ルの発想 |
| 対象企業 | 中小企業 | 中小企業 | 中小企業 | 中小企業<br>大企業 | 中小企業 |

（出所）　関連資料から筆者作成。

　図表20−1からみると，ベンチャー企業あるいはスタートアップ企業は起業家によって設立され，そして，新しい技術の導入や新しい市場の開拓などの共通点がある。

## ②　新設立企業の現状

　本節では，新しく設立される中小企業の現状について論じる。図表20−2では企業数の内訳を規模別に示している。ベトナムでは，2005年末では，零細企業数が最も多く，全体の56％を占めており，次に小企業と中企業がそれぞれ36％と３％を占めた。つまり，小規模な企業あるいはスモールビジネスの割合は全体で95％を占めている。2015年末で，中小企業の割合は３％増加し，全体で98％を占めている。

図表20－2　ベトナムの企業数と割合

|  | 2005年 | | 2010年 | | 2014年 | | 2015年 | |
|---|---|---|---|---|---|---|---|---|
| 全　体 | 106616 | 100% | 279360 | 100% | 402326 | 100% | 442486 | 100% |
| 零細企業 | 59730 | 56.02% | 187580 | 67.15% | 288480 | 71.70% | 322236 | 72.82% |
| 小企業 | 38506 | 36.12% | 79085 | 28.31% | 98169 | 24.40% | 103753 | 23.45% |
| 中企業 | 3443 | 3.23% | 5618 | 2.01% | 7266 | 1.81% | 7685 | 1.74% |
| 大企業 | 4937 | 4.63% | 7077 | 2.53% | 8411 | 2.09% | 8812 | 1.99% |

（出所）　GSO（2015），VCCI（2016）より筆者作成[2]。

## (1)　新設立企業の状況

2013年から2017年までのベトナムにおける新規設立企業数や解散・事業停止企業数を以下の図表20－3に示す。

図表20－3　2013～2017年ベトナムにおける新規設立企業や解散・事業停止企業数

| | 2013年 | 2014年 | | 2015年 | | 2016年 | | 2017 | |
|---|---|---|---|---|---|---|---|---|---|
| | | 数 | 前年比 | 数 | 前年比 | 数 | 前年比 | 数 | 前年比 |
| 新規設立企業 | 76955 | 74842 | －2.75% | 94754 | 21.01% | 110100 | 16.20% | 126859 | 15.22% |
| 事業再開 | 13414 | 15419 | 14.95% | 21506 | 28.30% | 26689 | 24.10% | 26448 | －0.90% |
| 事業停止企業 | 60737 | 58322 | －3.98% | 71391 | 18.31% | 60667 | －15.02% | 60553 | －0.19% |
| 解散企業 | 9818 | 9501 | －3.23% | 9467 | －0.36% | 12478 | 31.81% | 12113 | －2.93% |

（出所）　企業登記・管理局（ベトナム計画投資省）。

図表20－3からみると，2013年に設立された新規企業数は約7万7000社であったが，2017年に新規設立された企業数は12万6859社となり，2013年と比較して，約1.6倍増加した。これはベトナム国民のスタートアップへの関心の高まりを表している。

## ③　中小企業支援の展開

　近年，スタートアップ企業を始め中小企業は国家から様々な優遇的扱いを受けている。ベトナム中小企業の支援政策について，様々な法令（政府の決定）が発行された。例えば，2001年3月23日付の法令90/2001/NĐ-CPや2009年6月30日付の法令56/2009/ND-CPなどの法令である。だが，中小企業を支援するための資金提供などの具体性に欠けた法令のため，数多くの課題が存在する。そして，上記の法令はスタートアップ企業という概念をまだ踏まえていなかった。

　2017年6月12日にベトナム国会は中小企業支援法を公布した[3]。中小企業支援法では，中小企業支援の原則，内容，資源及び中小企業支援に関連する機関，組織と個人の責任について規定している。

　本節では，スタートアップ企業支援政策を取り上げて，説明する。

### (1)　ベトナム国会の中小企業支援法

　ベトナムでは，スタートアップ企業のみへの支援法はまだ存在しないが，スモールビジネス（スタートアップ企業も含める）への支援政策が促進されている。

図表20－4　中小企業支援政策の主な政府文書

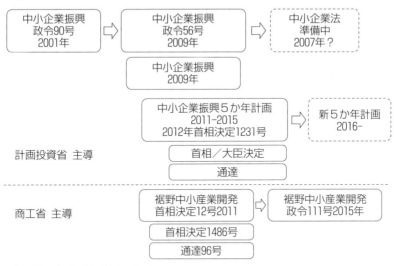

(出所)　舟橋 (2017) 75ページ。

　2017年6月12日にベトナム国会は中小企業支援法を公布した。中小企業支援法は様々な観点からスタートアップ企業を含めてスモール企業を支援している。中小企業支援法の内容は以下の通りである。

　－金融アクセス支援：政府は中小企業向けの貸出残高増額のために金融機関の支援政策を決定し，そして適切な方法により金融機関による中小企業への融資を促進する。

　－中小企業信用保証ファンド税務・会計状の支援：企業は，一定の期間において法人税法に基づく通常の法人税率よりも低い税率が適用されることになる。

　－製造用地への支援：地方各レベルの人民委員会は中小企業の土地賃借料を補助する。補助する期間は土地賃借契約日から最大5年間とする。

　－技術支援：政府は，中小企業による技術革新および研究開発，トレーニング，コンサルティング，調査，分析，技術移転を通じた技術の受領と改善および習得を支援する政策を策定する。

- 市場拡大の支援：政府は，流通チェーンをPPP方式で設立または設立に
  参加することである[4]。
- 情報・コンサルティングと法務支援：中小企業支援国家情報ポータルサイ
  ト，政府の各省庁，地方政権，社会組織，社会・職業組織のウェブサイト
  において，中小企業支援計画や経営ガイドや信用・市場・製品・技術など
  の情報を公開する。
- 人材育成支援：政府は中小企業の経営者や従業員向けのトレーニングコー
  スを設定し，参加費を免除・減額することである。

## (2)　中小企業支援政策の展開

　中小企業支援法を展開するため，ベトナム政府は様々な計画を発表した。そ
のうち以下の計画が代表的なものである。

　第一に，ベトナム政府の「2020年までに100万社起業」という計画である。
ベトナム政府は「2020年までに100万社起業，ベトナムの描く起業国家戦略」
という目標を宣言した。

　第二に，2016年5月18日に，「起業国家」という目的を遂げるため，ベトナ
ム政府は2025年までの「革新的スタートアップエコシステム構築計画」を発表
した[5]。計画の概要は以下の通りである。最初に，2025年までにスタートアッ
プエコシステムの主要な法的枠組みを整備する。次に，ベトナムのスタート
アップに関するオンラインポータルを立ち上げる。2017年に国家レベルの情報
システムを構築された。ベトナムのスタートアップに関する情報サイト（http://
startup.gov.vn/）を開設した。最後に，約800の新規事業と約200のスタートアッ
プ企業を支援し，そのうち50社で総額5000万ドル規模の資金調達やM&Aを実
現させるということである。

　そして，地方政権の側からの優遇的扱いの事例として，ハノイ市人民委員会
のスタートアップ・エコシステム（Start-Up Ecosystem）の情報サイトを取り上
げる[6]。ハノイ市人民委員会はこのサイトによって，国内外の投資家やパート
ナー企業と連携することが期待されている。具体的には，サイトを利用するこ

とで，スタートアップ企業の側は事業への投資を呼び掛けることができ，ベンチャーファンドの側は，新たな投資機会を探り，スタートアップ企業に直接コンタクトすることができる。

　第三に，ベトナムの科学技術省の主導のもと，2013年に「ベトナム・シリコンバレー」（Vietnam Silicon Valley）というプロジェクトが立ち上がった。このプロジェクトは，ベトナムにアメリカのシリコンバレーのようなテクノロジー系のアントレプレナーシップとスタートアップのエコシステムを形成することを目標としている[7]。

　一方，国内の大手企業や金融機関もスタートアップ企業向けの支援を実施している。例えは，ベトナムのVPバンク（VPBank）はスタートアップ企業向けに総額100万USD（約１億1200万円）を支援すると発表している。そして，ベトナムの通信・IT分野最大手FPT情報通信は2015年に，IT分野で起業したばかりの小規模企業支援を目的としたベンチャーキャピタルファンド（FPT Ventures）を設立し，2016年３月までにスタートアップ企業に100万USD（約１億1200万円）を投じている[8]。

## 4　成功するスタートアップ企業の紹介

　Topica Founder Institute（TFI）によると，ベトナムでは，ベンチャーキャピタル（VC）から資金調達を行った企業が増えている。そして，2015年にベンチャーキャピタルの投資残高は1.37億米ドルであったが，2017年に2.91億米ドルに達した[9]。本節では，ベトナムのモンキージュニアとモモ（MoMo）というスタートアップを紹介する。

### (1)　モンキージュニア

　昨年，ベンチャー企業支援を目的としたGoogle LLC（グーグル）のプログラム（Google Launchpad）から10万米ドルを調達した，教育分野のMonkey Junior（モンキージュニア）というスタートアップが注目を浴びている。モンキージュニアは10歳までの子ども向け教育モバイルソリューションで特に優れ

たスタートアップである[10]。

① モンキージュニアの創業者

モンキージュニアの創業者のダオ・シュアン・ホアン（Dao Xuan Hoang）氏は1982年に生まれ，2008年にオーストラリア政府の奨学金（AusAID）を得て，国費留学生としてシドニー工科大学でソフトウェアエンジニアを学んだ。卒業後に，ホアン氏は帰国して，ベトナムで友人とBH Mediaという企業を設立した。2011年，ホアン氏にお子さんが誕生したことをきっかけに，早期の語学学習に関するものを調べて，幼児向けの学習方法を研究するようになった。同年末にホアン氏は起業者としてEarly Startという会社を設立した。モンキージュニアという学習アプリは2011年に研究を始め，2014年6月にリリースした[11]。

② モンキージュニアの特徴

モンキージュニアのホームページによると，モンキージュニアは早期の語学学習を世界中の全ての家庭に届けることを目指している[12]。第一の特徴として，幼児教育分野の世界的な研究成果をもとにした学習方法を取り入れつつ，日常の遊びのようなアクティビティで読解力と発音の向上を促し，語学を身につけることができる。

そして，モンキージュニアのもう一つの特徴は読解力と発音の向上だけでなく，知識・教養も身につけられることができる点である。レッスンは家庭にある物である。例えば，おもちゃ，動作，果物，野菜，野生動物，昆虫，など子どもに最も人気のある30のトピックをカバーしている。各レッスンの終わりには達成度を測るゲームが提供され，学習計画はすべてプログラムが設定するために，両親には全く手間がかからない[13]。

③ モンキージュニアの成功

モンキージュニアの最初のバージョンはアップルのiOS，Android，アマゾンで2014年下期に発売され，ユーザー数は50万人近くとなり，毎日のダウンロード数は3,000となっている。モンキージュニアはiOSとAndroidの両方で一番人気のある読み方学習プログラムとなり，ダウンロード購入型教育アプリ

全体でもベトナム（10位），シンガポール（20位），カナダ（50位），米国（86位），日本（131位）など多くの国でダウンロードされており，教育アプリのトップ100に入っている[14]。

　モンキージュニアは，2016年に米国のオバマ元大統領によって提唱されるカリフォルニア州パロアルトで開催されたグローバルアントレプレナーシップサミットのTech-I-Pitch Competition（GIST Tech-I 2016）を受賞した。シリコンバレーの審査員らは，世界100カ国の1000のプロジェクトからモンキージュニアを選んだ[15]。

　また，2017年11月29日にGoogle LLCによって開催された第5回のGoogleでは，モンキージュニアは14カ国の24のプロジェクトと一緒に選出された。モンキージュニアは完璧なバーチャルスクールの創造を目指し，子どもたちが言語を学ぶための効果的なソリューションの研究開発を続けている。同年の9月15日に，App StoreとGoogle Playの両方で「Monkey Stories」というモンキージュニアの最新のアプリが発売された。これは，絵本で英語を勉強できる2〜8歳の子供向けのカリキュラムで，電子書籍ライブラリーである。

　今後，モンキージュニアの創業者のダオ・シュアン・ホアン氏は語学学習の分野だけでなく，子供向けの数学や科学などのカリキュラムにも事業を拡大する予定と述べた。


### (2)　フィンテックスタートアップのM-Service社のモモ（MoMo）

　近年，ベトナムでは，ネット普及率とスマートフォン普及率により，銀行口座の保有率が急速に伸びているため，フィンテック（FinTech）サービスが注目されている。2014年のベトナムの銀行口座保有率は31％であったが，2017年末で，倍近くの伸びの59％に達している。2018年時点では，ベトナムのネット普及率は58.3％，モバイルネット普及率は48.4％である[16]。これは金融サービスを提供するアプリへのアクセスを増加させている。ここでフィンテック分野のリーディングカンパニーとしてM-Service社のモモのアプリを取り上げる。M-Service社は，2007年に創業し，2013年にアメリカのゴールドマンサックス

から575万ドルを調達した。その後に，2017年ゴールドマンサックスやイギリスのスタンダードチャータード銀行などから2800万ドルの出資を受けたと発表した。

モモのアプリは2015年10月に開始され，アンドロイド端末ではGoogle Playから，iPhoneやiPadなどアップル社（Apple）の端末ではiTunes Storeからダウンロードができる。そのアプリはネット通販での決済，リアル店舗での支払い，銀行口座を必要としない振り込みなど様々なサービスを提供している。具体的にモモでは100以上のサービスに対応しており，電気代，通信費の支払いからE-コマースでの買い物まで幅広く決済できる。重要なのは銀行口座を持っていない顧客でも利用可能であり，決済相手へは，モモが代行して支払うことで，顧客と企業の間を取り持っている。

2018年12月末時点でモモはベトナム全国63の都市・省のうち，71％に当たる45の都市・省に店舗があり，振り込みが容易にできる。利用可能店舗数が10万店であり，利用者は1000万人近くとなる[17]。

今後，M-Service社のファム・タイン・ドゥック社長は，「モモの発展に最も重要だったパートナーを得ることができた。電子マネーの普及へ向けて進化のスピードを上げていきたい」と述べている[18]。

### (3)　成功したベトナムスタートアップの共通点

上記でベトナムにおいて成長を収めたスタートアップ企業を紹介したが，ここでは成功した要因を以下に示す。

第一に，創業者の資質である。スタートアップの創業者は時代を読み取る先見力と自社の方向性を決定付ける明確な発想や経営ビジョンを示す必要がある。そのためには創業者の育成，彼らを支援するメンターの存在が必要である。

第二に，成功したスタートアップはIT系企業である。モンキージュニアはEduTech分野のスタートアップであり，MoMoはFinTechのスタートアップである。ITによる教育，金融・財務，サービス業などの新しい産業分野のスタートアップは，ベトナム人の生活に利便性と豊かさをもたらし，ベトナム経

済の成長に大きく貢献している。

　三つは，独立的な商品・サービスの開発である。モンキージュニアは，早期の語学学習を世界中の全ての家庭に届けるアプリであった。モモは，ネット通販での決済，リアル店舗での支払い，銀行口座を必要としない振り込みなどの機能ができるアプリである。上記の２つのアプリにより，事例で取り上げた２社は他ではみられない独創的な商品やサービスを提供し，高利益を上げている。

　第四に，資金調達が可能か否かである。スタートアップ企業が資金調達を行う際，創業者は，「自己資金」，「配偶者や親族からの出資金や借入金」，「友人や知人からの出資金や借入金」に頼る傾向がある。スタートアップ企業の創業者にとって，正規金融の商業銀行や中小企業信用保証ファンドからの貸し出しは容易ではない。２社の創業者も家族と友人から資金を調達している。

　本項では，成功したスタートアップの共通した成功要因を明らかにした。それは，創業者への教育，新たな分野に参入することにより独立的な商品・サービスを提供すること，資金調達の可能性である。

## ⑤　スタートアップ企業の成長の阻害と今後の改善点

　近年，スタートアップの設立とこれらへの投資が急激に拡大し，ベトナムでも起業ブームとなっている。だが，ベトナムのスタートアップは現在でも様々な困難な課題に直面している。本節では，ベトナムのスタートアップの活性化を妨げる障壁を明らかにする。

### ⑴　ベトナムのスタートアップの活性化を妨げる障壁

　ベトナムのスモール企業を対象とした調査が存在する。これは，2005年，2007年，2009年，2011年，2013年と2015年に実施された「Characteristics of the Vietnamese Business Environment：Evidence from a SME Survey」（以下は，中小企業サーベイと呼ぶ）により企業数2500以上の会社のデータを作成したものである。この中小企業サーベイを担当するのは，ベトナムの労働傷病兵社会省傘下のInstitute of Labour Science and Social Affairs（ILSSA），計画投

資省のthe Central Institute of Economic Management（CIEM）とデンーマク
のコペンハーゲン大学である。

「初めて会社を設立／購入したとき，どのような困難に遭遇したか。」という
質問の答えは以下の通りである。

図表20－5　ベトナムのスタートアップの活性化を妨げる障壁

|  | 深刻な困難 | 中程度の難しさ | わずかな困難 |
|---|---|---|---|
| 資本不足 | 21.62 | 52.97 | 25.41 |
| 原料不足 | 3.78 | 38.11 | 58.11 |
| 販売店の欠如／包装及び流通サービス | 10.54 | 48.92 | 40.54 |
| マーケティングスキルの欠如 | 7.5 | 739.19 | 53.24 |
| 技術的なノウハウの欠如 | 3.51 | 32.70 | 63.78 |
| 適切な機械設備の欠如 | 6.22 | 43.51 | 50.27 |
| 適切な施設を見つけることが難しい | 5.41 | 29.46 | 65.14 |
| ライセンス（許可）取得における複雑な規制／困難 | 2.72 | 26.43 | 70.84 |
| 熟練労働力の欠如 | 3.78 | 30.54 | 65.68 |
| 地方政権からの支援の欠如 | 3.26 | 28.53 | 68.21 |
| 事業開発サービス／ビジネスアドバイス／起業家精神開発サービスの欠如 | 3.26 | 29.62 | 67.12 |
| 関連業界団体の欠如 | 2.45 | 25.34 | 72.21 |
| その他 | 0.82 | 23.37 | 75.82 |

（出所）　CIEM（2015）より筆者作成。

2015年の中小企業サーベイの結果からみると，ベトナムのスタートアップに
直面している問題（深刻な困難であると答えた問題）は，資本不足と答えた企業
の割合が一番高く（21.62%）であった。それから，販売店の欠如／包装及び流
通サービス（10.54%），マーケティングスキルの欠如（7.57%）と続いた。つま
り，ベトナムのスタートアップを取り巻く最も大きな問題は資本不足であると
考えられる。そして，仮に優位性の高い商品やサービスが開発されても，販売

店や流通するサービスへのアクセスが限られており，マーケティングの知識が不足しているため成長を遂げることができないという現実が浮き彫りになっている。

### (2)　今後の改善点

　上記のような問題を克服するための改善点として挙げられるのは，法制度である。具体的には，ベトナム国会によって可決された中小企業支援法はこれらの課題の解決に貢献すると考えられるが，中小企業サーベイの結果からみると，政府の支援政策は中小企業に果たす役割とその効果が乏しい。挙げられる問題点として政策の実施までに長い時間を要することである。国会の法律の施行細則を規定する補助的な文書の制定に２年から，３年かかった事例もある。そして，文書を早めに発行するとともに，支援政策の内容を国民に伝えることも必要不可欠である。

　第二に，資金調達へのアクセスを支援することである。ベンチャーキャピタルやエンジェル（個人投資家）がまだ少ないベトナムでは，企業を創業する際，創業者は銀行の融資や助成金の申請など資金調達の手段を利用している。金融機関の多くは高インカムゲイン（利息）を求めるので，今後の経営計画や過去の業績ならびに担保資産などを要求することが多い。そのため，スタートアップ向けの貸出残高増額のために，金融機関の支援政策を促進させることが極めて重要である。

　第三に，上記と関連してスタートアップ企業が成長したときのイグジット（exit）の手段を整備することである。具体的には株式公開（IPOs）を容易にするための株式市場の整備とM&A市場を育成することが求められる。仮にスタートアップへ資金を提供する投資家が増えても，それを現金化することができなければ，投資への意欲は減退し，投資家は存在しなくなる。さらにマクロ的な観点からは，金融システムを高度化させることも必要で，間接金融システムと直接金融システムの両輪をバランスよく回すことが重要である。

　最後に，スタートアップの人材育成支援である。とくに創業者にとって必要

とされるのが，マーケティングや財務に関する知識である。マーケティングについては上記で触れたが，財務的な知識も経営者は持たなければ，効率的な経営は実践できない。そこで，政府は企業の経営者を対象にマーケティングや財務管理等を教える講座を安価で提供することが必要であると考えられる。

## 【脚　注】

1)　ベトナム国会の『中小企業支援法』法04/2017/QH14号，2017年6月12日，第1章，第3条。
2)　http://business.gov.vn/Portals/0/2018/ST％20DNNVV％202017_final1.pdf 2018年10月7日にアクセス。
3)　ベトナム国会の『中小企業支援法』法04/2017/QH14号，2017年6月12日。
4)　PPP（英語：Public Private Partnership，パブリック・プライベート・パートナーシップ）とは，公民が連携して公共サービスの提供を行うことである。
5)　LE THAI PHONG（2018）「2020年までに100万社起業，ベトナムの描く起業国家戦略」，『事業構想』学校法人先端教育機構，2018年2月号。
6)　https://www.viet-jo.com/news/economy/171014063443.html　2018年8月19日にアクセス。
7)　岩崎薫里（2017）「東南アジア主要国のスタートアップ促進策―スタートアップ・エコシステム形成に向けた動き―」『環太平洋ビジネス情報』RIM 2017 Vol.17 No.66，85ページ。
　　https://www.jri.co.jp/MediaLibrary/file/report/rim/pdf/10061.pdf
8)　https://www.viet-jo.com/news/economy/160404065417.html　2018年8月19日にアクセス。
9)　ベトナム科学技術省（2018）。
　　http://enternews.vn/buc-tranh-chung-ve-dau-tu-khoi-nghiep-sang-tao-tai-viet-nam-128207.html　2018年10月15日アクセス。
10)　https://vietnambiz.vn/monkey-junior-nhan-100000-usd-tu-google-38903.html 2018年10月15日にアクセス。
11)　https://www.tienphong.vn/gioi-tre/cha-de-monkey-junior-va-hanh-trinh-chinh-phuc-the-gioi-1110708.tpo　2018年10月20日にアクセス。
12)　http://www.monkeyjunior.com
13)　LE THAI PHONG（2018）「2020年までに100万社起業，ベトナムの描く起業国家戦略」，『事業構想』学校法人先端教育機構，2018年2月号。
14)　https://aea.events/j/entry/monkey-junior/　2018年10月15日にアクセス。
15)　http://cafef.vn/ceo-monkey-junior-toi-da-dot-10-ty-phai-rao-ban-nha-de-khoi-nghiep-20160527091045466.chn　2018年10月15日にアクセス。
16)　https://vitalify.jp/app-lab/20180822-vietnam-fintech/　2019年2月1日アクセス。

17）　https://momo.vn/tin-tuc/tin-tuc-su-kien/vi-momo-top-100-cong-ty-fintech-cua-the-gioi-theo-bao-cao-cua-cong-ty-tai-chinh-quoc-te-ifc-thang-3-2018-466

18）　https://www.nikkei.com/article/DGXLASDX 22H 1 A_S6 A320C1FFE000/

**（参考文献）**
著書
坂本恒夫，鳥邊晋司（2009）『スモールビジネスの財務（現代の財務経営７）』中央経済社。

坂本恒夫・鳥居陽介・現代財務管理論研究会（2014）『経営分析』税務経理協会。

坂本恒夫・鳥居陽介・現代財務管理論研究会（2015）『テキスト財務管理論第５版』中央経済社。

坂本恒夫・境睦・林幸治・鳥居陽介（2016）『中小企業のアジア展開』中央経済社。

ベトナム国会の『中小企業支援法』法 04/2017/QH 14号，2017年６月12日。

松田修一（1998）『ベンチャービジネス』日本経済新聞社。

水野由香里（2015）『小規模組織の特性を活かすイノベーションのマネジメント』中央経済社。

若杉敬明（2009）『コーポレートファイナンス（現代の財務経営１）』中央経済社。

齊藤毅憲（2006）『スモール・ビジネスの経営を考える：起業主体の観点から』文眞堂。


**（論　　文）**
岩崎薫里（2017）「東南アジア主要国のスタートアップ促進策―スタートアップ・エコシステム形成に向けた動き―」，『環太平洋ビジネス情報』RIM 2017 Vol. 17 No. 66，85ページ。

鈴木孝男（2012）「中小企業のイノベーション」，『日本中小企業学会論集31』日本中小企業学会，同友館，41－57ページ。

日本経済産業省のウェブサイト，「ベンチャー有識者会議とりまとめ」。
http://www.meti.go.jp/policy/newbusiness/downloadfiles/yushikisya_kaigi_torimatome.pdf

LE THAI PHONG（2018）「2020年までに100万社起業，ベトナムの描く起業国家戦略」，『事業構想』学校法人先端教育機構，2018年２月号。

Viet-jo ニュース：「FPTとドラゴンキャピタル，起業支援ファンド発足」。
https://www.viet-jo.com/news/economy/ 160404065417.html

（グエン　ヴィンタイン）

# 執筆者紹介・担当講

坂本　恒夫　編著者紹介参照　　　　　　　　　　　　　はしがき，第１講，
　　　　　　　　　　　　　　　　　　　　　　　　　　第３講

鳥居　陽介　編著者紹介参照　　　　　　　　　　　　　はしがき，第２講

木村　信綱　福島学院大学　教授　　　　　　　　　　　第４講

菅井　徹郎　オフィスコモン代表　　　　　　　　　　　第５講，第18講

趙　　彤基　明治大学　助手　　　　　　　　　　　　　第６講

鈴木　勝博　桜美林大学大学院　准教授　　　　　　　　第７講

徐　　玉琴　明治大学　助教　　　　　　　　　　　　　第８講

坂田　淳一　桜美林大学　教授　　　　　　　　　　　　第９講

境　　　睦　桜美林大学　教授　　　　　　　　　　　　第10講

赤星　里恵　コンサルタント　　　　　　　　　　　　　第11講
　　　　　　元（株）日立製作所金融システム営業統括本部
　　　　　　事業企画本部　主任技師

林　　幸治　大阪商業大学　准教授　　　　　　　　　　第12講

中村　宙正　埼玉女子短期大学商学科　元兼任講師　　　第13講

文堂　弘之　常磐大学　教授　　　　　　　　　　　　　第14講

落合　孝彦　青森公立大学　教授　　　　　　　　　　　第15講

杉浦　慶一　株式会社日本バイアウト研究所　代表取締役　第16講

丹野　安子　NPO法人ビジネスネットワーク・ジャパン　第17講
　　　　　　代表理事

佐藤　晋也　園芸家　　　　　　　　　　　　　　　　　第19講
　　　　　　前株式会社アグリコミュニケーションズ津軽
　　　　　　代表取締役社長

グェン　　　桜美林大学大学院　博士後期課程　　　　　第20講
ヴィンタイン

〔編著者紹介〕


坂本 恒夫 (さかもと つねお)
明治大学名誉教授, 経営学博士。
桜美林大学特別招聘教授, 公益財団法人 大原記念労働科学研究所所長,
福島学院大学理事・特任教授, 神奈川大学および静岡県立大学のそれぞれ
の講師。日本中小企業・ベンチャービジネスコンソーシアム会長。
日本経営財務研究学会, 日本経営分析学会, 証券経済学会のそれぞれの元
会長。
単著『企業集団財務論』泉文堂, 1990年。『企業集団経営論』同文舘出版,
1993年。『戦後経営財務史―成長財務の軌跡』T＆Sビジネス研究所,
2000年。『イギリス4大銀行の経営行動 1985－2010』中央経済社, 2012年。
編著『ベンチャービジネスの創り方・運び方』税務経理協会, 2001年。
『現代コーポレートファイナンス論』税務経理協会, 2002年。『図解M＆
Aのすべて』税務経理協会, 2006年。『ベンチャービジネスハンドブッ
ク』税務経理協会, 2008年。『NPO経営の仕組みと実践』税務経理協会,
2009年。


鳥居 陽介 (とりい ようすけ)
明治大学専任講師, 経営学博士。
日本中小企業・ベンチャービジネスコンソーシアム副会長, 証券経済学会
幹事, 日本経営財務研究学会・日本経済会計学会・日本経営学会会員。
単著『株式所有構造の変遷と経営財務』中央経済社, 2017年。
共著『図解M＆Aのすべて』税務経理協会, 2006年。『ベンチャービジネ
スハンドブック』税務経理協会, 2008年。『経営力と経営分析』税務経理
協会, 2017年。『テキスト財務管理論（第5版）』中央経済社, 2015年。
『テキスト現代企業論（第4版）』同文舘出版, 2015年。

編著者との契約により検印省略

令和2年5月30日　初版第1刷発行　　**新ベンチャービジネス論**

| | |
|---|---|
| 編 著 者 | 坂 本 恒 夫 |
| | 鳥 居 陽 介 |
| 著 者 | 日本中小企業・ベンチャービジネスコンソーシアム |
| 発 行 者 | 大 坪 克 行 |
| 製 版 所 | 税経印刷株式会社 |
| 印 刷 所 | 有限会社山吹印刷所 |
| 製 本 所 | 株式会社三森製本所 |

発 行 所　〒161-0033 東京都新宿区　　株式会社　**税務経理協会**
　　　　　下落合2丁目5番13号

振 替 00190-2-187408　　電話 (03)3953-3301（編集部）
ＦＡＸ (03)3565-3391　　　　　(03)3953-3325（営業部）
URL http://www.zeikei.co.jp/
乱丁・落丁の場合は，お取替えいたします。

ISBN978-4-419-06675-8 C3034